Gabriele
Lehari

Fleckenfibel

Flecken einfach und
schonend entfernen

85 Farbfotos

Ulmer

Inhalt

Reinigungs-
benzin 100/140°
250
Wasserstoff-
Peroxid-Lösung
3 %
250
Isopropanol
STAEDTLER
LUMOCOLOR 313

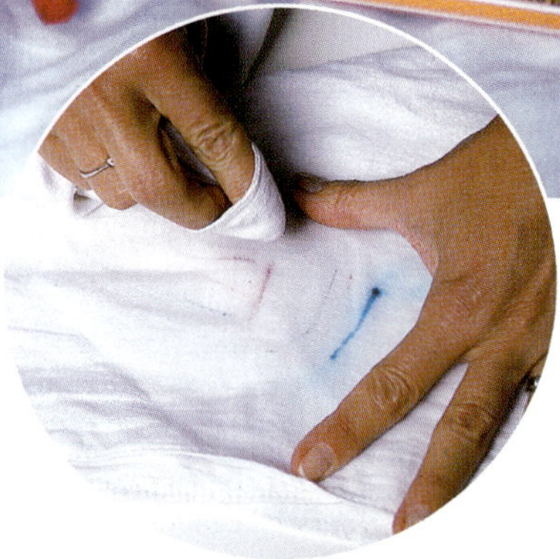

Vorwort

Ein Fleckenbuch – in der heutigen Zeit mit einem schier unübersehbaren Angebot an Hochleistungs-Waschmaschinen und Spezial-Reinigungsmitteln? Diese oder eine ähnliche Frage möge Ihnen vielleicht kurz durch den Kopf geschossen sein, als Sie dieses Buch entdeckt haben. Aber seien Sie ehrlich: Haben Sie nicht schon einmal auf einem Kleidungsstück einen mysteriösen Fleck gehabt, den Sie trotz aller Mühe nicht entfernen konnten? Oder hat nicht schon einmal der Kakao oder das Eis, anstatt im Mund Ihres Sprösslings zu landen, unschöne Spuren auf den Polstermöbeln hinterlassen? Oder hat sich nicht vielleicht Ihr Hund oder Ihre Katze trotz guter Manieren schon das eine oder andere Mal auf dem guten Teppich „vergessen"? Diese Liste ließe sich noch lange fortführen, wobei jeder sicherlich eine persönlich erfahrene Geschichte dazu beisteuern könnte.

Zugegebenermaßen sind die heute auf dem Markt erhältlichen Waschmittel wesentlich leistungsfähiger als früher und haben vielen Flecken in waschbaren Textilien den Schrecken genommen. Trotzdem empfiehlt es sich bei bestimmten Fleckenarten, die betroffenen Stellen vor dem Waschen entsprechend zu behandeln, damit eine möglichst vollständige Entfernung des Flecks erreicht wird.

Aber Flecken tauchen bekanntlich nicht nur auf waschbaren Textilien auf, sondern auch auf nicht waschbaren Geweben sowie auf Möbelstücken, Teppichen, Autopolstern und einer Fülle anderer Materialien, die nicht einfach in die Waschmaschine gesteckt werden können. In diesen Fällen ist man bei der Fleckentfernung schon etwas mehr gefordert. Ist ein „Malheur" passiert und ein hässlicher Fleck droht, den betroffenen Gegenstand zu ruinieren, gerät man meistens in Panik und macht die Situation durch unüberlegtes oder falsches Handeln meist noch schlimmer.

Dieses Buch soll mit praktischen Anleitungen für solche Fälle die richtigen Lösungen anbieten. Neben den wichtigsten Grundregeln, den erforderlichen Reinigungsmitteln und -geräten sowie den anzuwendenden Methoden bietet es konkrete

„Rezepte“ für die Behandlung der unterschiedlichsten Flecken von A bis Z. In den meisten Fällen führen schnelles und umsichtiges Handeln mit den richtigen Mitteln zu einer erfolgreichen Entfernung des Flecks. Allerdings gibt es immer wieder „hoffnungslose“ Fälle, in denen man sich scheinbar geschlagen geben muss. Dass es trotzdem noch Möglichkeiten und Tricks gibt, das Beste aus hartnäckigen Flecken zu machen, werden Sie bei der Lektüre dieses Buches bald entdecken. Ich wünsche jedoch allen Lesern, dass sie von solch aussichtslosen Fällen möglichst verschont bleiben und ihnen dieses Buch das tägliche Leben mit allen seinen Flecken, die einem jederzeit hinterhältig auflauern können, etwas erleichtert.

Ich habe versucht, die in diesem Buch aufgeführten Tipps und Ratschläge möglichst genau zu prüfen und auszuprobieren. Allerdings kann es bei der schier unübersehbaren Fülle an veschiedenen Geweben, Verschmutzungen und Reinigungsmitteln vorkommen, dass das eine oder andere „Rezept“ in Einzelfällen nicht so funktioniert, wie es beschrieben ist, da man nicht sämtliche Zusammensetzungen von Kunst- und Naturfasern im Vorfeld testen kann. Daher möge es mir der Leser nachsehen, falls doch einmal die Fleckentfernung nicht hundertprozentig klappt. Eine Garantie oder gar Haftung für eventuelle Schäden kann natürlich nicht – weder von mir noch vom Verlag – übernommen werden. Wenn Sie also nicht sicher sind, ob das verschmutzte Gewebe die empfohlene Behandlung verträgt, gehen Sie nach meinen Anleitungen vorsichtig vor und testen Sie erst einmal das Reinigungsmittel an einer verdeckten Stelle.

An dieser Stelle möchte ich es nicht versäumen, allen „Fleckerfahrenen“ in meinem Freundes- und Bekanntenkreis und natürlich meiner Mutter zu danken, die mir durch ihre Fragen und Tipps immer neue Anregungen und wertvolle Informationen für dieses Buches geliefert haben.

Ein ganz besonderer Dank gilt meiner Schwester, Angelika Kowitz, die durch ihre tatkräftige Unterstützung beim Sammeln von Informationsmaterial und beim Erstellen der Fotos erheblich zur Entstehung des Buches beigetragen hat.

Gabriele Lehari
Reutlingen, im Frühjahr 1999

Brenn-
Spiritus
Dr. Beckmann
Flecken
teufel
PURE GLYCERIN
Boots
Benzin, feuergef
Textil-Entfärber
Backpulver

Allgemeines zur Fleckentfernung

Die Grundregeln der Fleckentfernung

Die Fleckentfernung ist im Bereich der häuslichen Arbeiten sozusagen eine eigene Disziplin. Und wie bei jedem Handwerk oder jeder speziellen Tätigkeit muss man bestimmte Grundkenntnisse besitzen und sein Handwerkszeug beherrschen, um ein möglichst gutes Ergebnis zu erzielen. Hält man sich dabei an die wichtigsten Grundregeln, ist die Voraussetzung für eine erfolgreiche Fleckbehandlung geschaffen. Die Behandlung der Flecken im Einzelnen ist bereits der nächste Schritt. Werden die Grundregeln aber ignoriert, wird die Reinigungsprozedur erschwert und man muss mit einem unbefriedigenden Ergebnis rechnen. Die folgenden Grundregeln sollten Sie sich daher immer vor Augen führen, wenn Sie wieder einmal mit einem Fleck konfrontiert werden.

Schnelles Handeln

Das oberste Gebot der Fleckentfernung ist schnelles Handeln. Je frischer ein Fleck ist, desto einfacher lässt er sich entfernen. Niemals darf ein Fleck ignoriert werden und vielleicht erst nach ein paar Tagen, wenn man sowieso waschen möchte, behandelt werden. Dann kann es oft schon zu spät sein, um den Fleck vollständig zu entfernen.

Noch wichtiger ist dieses Gebot bei nicht in der Waschmaschine waschbaren Gegenständen. Je länger die Verunreinigung auf der Oberfläche verbleibt, desto stärker und tiefer dringt sie in das Gewebe oder in die Struktur ein. Hierbei spielt es keine Rolle, ob es der Rotwein auf dem Teppich, die Salatsoße auf der Couch oder der Aperitif auf der Holzkommode ist.

Nicht eintrocknen lassen

Bei fast allen Arten von Flecken gilt, dass sie sich leichter entfernen lassen, wenn sie noch frisch und feucht sind. Sie sollten daher im frischen Zustand behandelt werden. Ist eine sofortige Behandlung mit den entsprechenden Reinigungsmitteln nicht möglich, kann man durch Abdeckung mit einem feuchten Tuch den Austrocknungsprozess verzögern und somit die Chance auf eine vollständige Fleckentfernung er-

Viele eingetrocknete Flecken weicht man am besten vor der Behandlung mit Glyzerin auf.

höhen. Hat man doch einmal einen eingetrockneten Fleck, kann man ihn vor der Behandlung in Glyzerin einweichen. Es gibt aber Flecken, wie beispielsweise von Wasserfarben oder Senf, die nach vollständiger Eintrocknung nicht mehr restlos zu entfernen sind.

Ausnahmen von dieser Regel gibt es nur wenige. Dazu gehören Verschmutzungen, die durch Schlamm, Ton, Lehm oder Knetmasse hervorgerufen wurden. In solchen Fällen ist es sinnvoll, den Schmutz erst einmal vollständig durchtrocknen zu lassen und dann abzukratzen oder abzubürsten. Auf diese Weise lassen sich häufig über 90 Prozent derartiger Verunreinigungen entfernen.

Vor der Behandlung so viel wie möglich entfernen

Bevor man einem Fleck mit Wasser und Seife oder Reinigungsmittel zu Leibe rückt, sollte vorher so viel wie möglich von der Substanz entfernt werden. Bei Flüssigkeiten bedeutet das, mit Küchenkrepp oder Baumwolllappen möglichst viel Flüssigkeit aufsaugen. Festere Substanzen werden mit Hilfe eines Löffels oder ähnlichem Gerät möglichst weitgehend ab-

Bei Ketchupflecken zunächst möglichst viel mit einem Löffel entfernen.

Übrigens können Hunde und Katzen bei der „Vorbehandlung" manchmal gute Dienste leisten. Fällt zum Beispiel ein Ei herunter oder werden Sahne, Milch, Soße oder andere Speisenreste auf dem Teppich verschüttet, können sie bei der sofortigen und gründlichen Entfernung helfen. Ihre unermüdliche Zunge sorgt dafür, dass oft nur ein unscheinbarer Fleck zurückbleibt, der dann bei sofortiger richtiger Behandlung leicht entfernt werden kann.

gekratzt. Pulver- und puderförmige Stoffe werden zunächst gründlich abgesaugt oder – falls möglich – der verschmutzte Gegenstand wird ausgeschüttelt oder ausgeklopft. Fett- und ölhaltige Flecken werden am besten zuvor mit einem absorbierenden Pulver bestreut, welches das Fett aufsaugt. Erst wenn kein Fett mehr aufgenommen wird, entfernt man das Pulver und kümmert sich um die Behandlung des restlichen Flecks.

Nicht mit heißem Wasser behandeln

Einer der häufigsten Fehler, der meist in der Aufregung und aus dem Bedürfnis heraus entsteht, jetzt doch schnell etwas unternehmen zu müssen, ist die Behandlung eines frischen Flecks mit heißem Wasser. Viele Substanzen, insbesondere Eiweiße (Proteine) werden aber dadurch erst richtig im Gewebe fixiert, so dass eine spätere Reinigung umso schwieriger wird. Deshalb sollte man die meisten Arten von Flecken wie von Blut, Ei, Obst, Getränken, Milchprodukten, Soßen oder Farbstoffen als erstes gründlich mit viel kaltem Wasser ausspülen. Meistens lässt sich dadurch schon der größte Teil der Verfärbung oder des Flecks entfernen. Erst danach geht man wie in der Beschreibung für die jeweilige Fleckenart weiter vor.

Zuckerhaltige Flecken verfärben sich durch große Hitze unansehnlich braun. Deshalb sollte man auch helle Flecken nicht ignorieren, sondern richtig behandeln. Bleibt der Fleck nämlich im Gewebe bestehen und wird dieses später gebügelt, tritt eine Braunfärbung auf, die dann nicht oder nur schwer zu entfernen ist.

Nicht reiben und rubbeln

Ein weiterer Kardinalfehler, der häufig gemacht wird, weil es einem das Gefühl vermittelt, „etwas zu tun“, ist das heftige Reiben oder Rubbeln beim Versuch, den Fleck zu entfernen. Dadurch wird aber höchstens bewirkt, dass der Fleck vergrößert wird oder tiefer in das Gewebe, das Polster, den Teppich oder das jeweilige Material eindringt. Dadurch werden die Oberflächen oder die Gewebefasern beschädigt, was häufig nicht rückgängig zu machen ist. Besonders bei Naturfasern sehen dann solche Stellen rau, platt gedrückt oder zerzaust aus. Die Gefahr besteht vor allem bei langflorigen Teppichen. Deshalb gilt auch hier: Ruhe bewahren und besonnen vorgehen. Statt heftig zu reiben, sollte man den Fleck mit einem sauberen Tuch abtupfen oder vorsichtig ohne großen Druck reiben. Bei der weiteren Behandlung immer von außen nach innen arbeiten, um den Fleck nicht zu vergrößern.

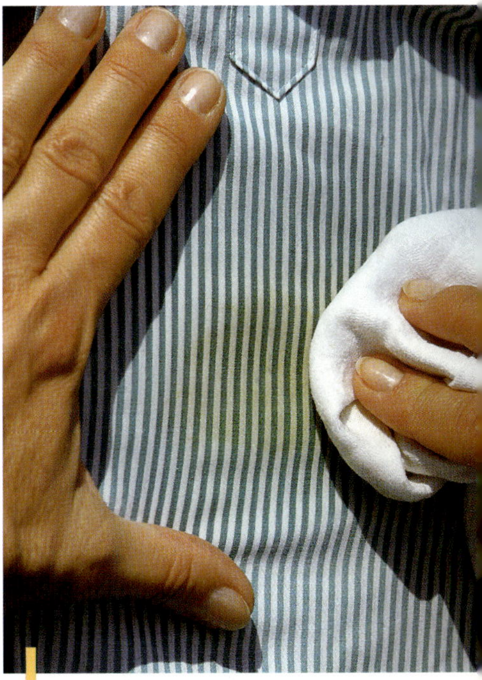

Statt Flecken hektisch herausrubbeln zu wollen, sollte man sie besser vorsichtig abtupfen oder aufsaugen.

Bei der Verwendung von leicht flüchtigen Fleckentfernungsmitteln wie Waschbenzin, Aceton oder Salmiakgeist, sollte man immer ein saugfähiges Tuch oder Küchenkrepp unter den zu behandelnden Fleck legen, damit die Schmutzteilchen sofort aufgenommen und nicht nur gleichmäßig im Gewebe verteilt werden.

Vor der Behandlung testen

Viele Fleckenarten erfordern den Einsatz bestimmter Reinigungssubstanzen oder chemischer Mittel. Um sicher zu gehen, dass die zu behandelnde Oberfläche diese Prozedur auch unbeschadet übersteht, sollte man an einer unauffälligen Stelle vorher testen, ob das Reinigungsmittel eine Veränderung von Farbe oder Struktur bewirkt. Beispielsweise lassen sich aus weißen Baumwollgeweben hartnäckige Flecken mit Bleich- oder Entfärbermitteln entfernen. Bei bunten Geweben oder empfindlichen Fasern dürfen solche radikalen Methoden in der Regel jedoch nicht angewendet werden. Aceton kann für Naturfasern ohne Probleme verwendet werden, löst dagegen bestimmte Kunstfasern auf. Um sich späteren Ärger über ein verfärbtes, verfilztes oder beschädigtes Gewebe zu ersparen, ist eine Testbehandlung sinnvoll. Das kann bei Kleidungsstücken am Saum oder an Stellen geschehen, die ohnehin in der Hose oder im Rock verschwinden. Bei Teppichen wählt man Bereiche aus, die von Möbeln oder Blumentöpfen verdeckt sind. Polstermöbel kann man an deren Rück- oder Unterseite auf ein bestimmtes Reinigungsmittel testen.

Die richtigen Mittel verwenden

Bevor mit der Fleckentfernung begonnen wird, sollten idealerweise die Art des Flecks und die Zusammensetzung des verschmutzten Materials bekannt sein. Nur so lassen sich die richtigen Reinigungsmittel und Methoden auswählen, um den Fleck möglichst erfolgreich entfernen zu können. Nicht immer helfen dieselben Reinigungsmittel für dieselbe Art Fleck, wenn es sich um unterschiedliche Gewebe oder Materialien handelt. Nur unter Berücksichtigung aller Faktoren lassen sich die besten Ergebnisse erzielen.

Das Prinzip besteht darin, dass Flecken bestimmter Herkunft mit Mitteln ähnlicher Herkunft bekämpft werden können. So lässt sich beispielsweise ein Fettfleck zunächst mit anderen Fetten (Butter oder Glyzerin) lösen, um dann leichter ausgewaschen zu werden. Flecken, die durch in Wasser gelöste Substanzen entstehen, können zum großen Teil auch mit reinem Wasser ausgespült werden.

Nicht nur bei der Wahl der Reinigungsmittel, sondern auch der verwendeten Geräte muss auf geeignetes Material geachtet werden. Zum Aufnehmen von Flüssigkeit sollte man beispielsweise nur weiße oder nicht abfärbende Lappen verwenden. Versucht man nämlich, einen Fleck mit einer stark eingefärbten Papierserviette aufzusaugen, kann es schnell zu Abfärbungen kommen, wodurch das Unglück noch vergrößert wird. Auch die verwendeten Schwämme oder Bürsten sollten für ihren speziellen Einsatz geeignet sein: Kratzige oder zu harte Oberflächen beziehungsweise Einfärbungen können die zu reinigende Oberfläche beschädigen oder verfärben.

Nach dem Motto „Ähnliches wird von Ähnlichem entfernt" behandelt man Flecken einer bestimmten Substanz oft mit Mitteln aus ähnlichen Substanzen.

Nicht zu schnell aufgeben

Bei der Behandlung besonders farbintensiver Flecken darf man nicht zu schnell aufgeben. Häufig ist es hierbei erforderlich, den Fleck wiederholt mit dem Reinigungsmittel zu tränken und abzutupfen, bis keine Farbe mehr herausgelöst wird. In einigen Fällen muss man viel Geduld aufbringen und diesen Vorgang sehr oft wiederholen, damit sich das Ergebnis lohnt.

Manchmal empfiehlt es sich auch, das Reinigungsmittel kurze Zeit einwirken zu lassen, damit der Farbstoff Zeit hat, sich von den Fasern zu lösen. Oft kann man dann regelrecht zuschauen, wie der Fleck „verschwimmt" und sich aufhellt.

Richtige Nachbehandlung

Werden Flecken mit lösungsmittelhaltigen Substanzen behandelt, kommt es häufig vor, dass anschließend ein Rand rund um die behandelte Stelle sichtbar bleibt. Daher gilt: Alle waschbaren Gewebe sofort nach der gezielten Fleckenbehandlung in die Waschmaschine stecken. Auch besonders farbintensive Flecken, die sich durch die Vorbehandlung nicht vollständig aus dem Gewebe herauslösen lassen, sind nach der Wäsche meistens völlig verschwunden.

Erst nach Erfolg weiter behandeln

Bei Flecken, die durch Hitze im Stoff fixiert wurden (beispielsweise Zucker oder Blut), üben Sie nach anscheinend erfolgreicher Behandlung noch etwas Geduld! Erst wenn Sie ganz sicher sind, dass der Fleck verschwunden ist, können Sie diese Textilien wie gewohnt heiß waschen und bügeln. Befinden sich nämlich noch Restverschmutzungen in dem Gewebe, kann es vorkommen, dass durch voreiliges heißes Waschen oder durch Bügeln der Restfleck erst so richtig in das Gewebe eindringt und dann auch meistens nicht mehr entfernt werden kann.

Es ist überaus wichtig, sich beim Entfernen von Flecken an die Grundregeln zu halten und nicht sofort das stärkste Reinigungsmittel zu verwenden. Probiert man einfach verschiedene Mittel unsachgemäß aus, erzielt man dabei meist nicht den gewünschten Erfolg. Und der anschließende Gang zur Reinigung bleibt dann auch meistens erfolglos.

Fleck ist nicht gleich Fleck

Es gibt eine Fülle von Möglichkeiten, wie und wodurch Flecken entstehen. Aber nicht alle Flecken lassen sich mit denselben Mitteln behandeln. Wie man am besten vorgeht, hängt von der Art des Flecks ab. Die verschiedenen Flecken lassen sich in bestimmte Kategorien einteilen. Alle Flecken, die einer Kategorie zugeordnet werden, kann man grundsätzlich auch mit denselben oder ähnlichen Methoden behandeln, natürlich immer in Abhängigkeit von dem betroffenen Material. Man unterscheidet folgende Fleckenkategorien:

Wasserlösliche Flecken

Wasserlösliche Flecken führen die Hitliste der auftretenden Flecken an. Hierzu zählen Flecken, die unter

Flecken von verschütteten Getränken breiten sich schnell aus. Tischdecken sollten dann am besten sofort in die Waschmaschine gesteckt werden.

anderem durch Tee, Kaffee, Limonade, Obstsaft, Wein oder Wasserfarbe hervorgerufen werden. Sie lassen sich in den meisten Fällen, zumindest solange sie frisch sind, durch normales Waschen entfernen. Geeignete Reinigungsmittel sind Wasser und auf Wasserbasis hergestellte Waschmittel. Wenn die verschmutzten Gegenstände nicht in die Waschmaschine gesteckt werden können, werden die Flecken mit Wasser und Seife beziehungsweise mit Waschmittel behandelt.

Eine Besonderheit ist bei eiweißhaltigen Flecken wie etwa von Blut, Ei oder Milchprodukten zu beachten: Eiweiß (Protein) gerinnt bei hohen Temperaturen. Wird der Fleck mit heißem Wasser behandelt oder sogar überbügelt, verändert sich damit die chemische Struktur der Eiweiße so, dass sie sich nicht mehr ohne weiteres entfernen lassen. Daher dürfen eiweißhaltige Flecken nur mit kaltem oder lauwarmem Wasser behandelt werden. In hartnäckigen Fällen sollte man zusätzlich flüssige Gallseife verwenden.

Fettige und ölige Flecken

Fettige oder ölige Flecken treten am zweithäufigsten auf. Hierzu zählen Speiseöl, Butter, Margarine, Schmierfett, Mineralöl oder fettige Lebensmittel. Viele dieser Flecken lassen sich durch eine entsprechende Vorbehandlung, zum Beispiel mit Gallseife, und anschließendes normales Waschen entfernen. Stärkere Verschmutzungen erfordern allerdings häufig den Einsatz von fettaufweichenden und fettlösenden Substanzen wie Glyzerin und Fleckenwasser. Als Vorbehandlung ist meistens ein Aufsaugen des Fettes mit einem absorbierenden Pulver zu empfehlen.

Kombinierte Flecken

Kombinierte Flecken begegnen einem am häufigsten im Bereich der Speisen und Lebensmittel. Sie beinhalten sowohl eine wasserlösliche als auch eine ölige Komponente und erfordern somit auch eine entsprechende zweistufige Vorgehensweise. Beispiele hierfür sind Kaffee mit Milch, sahnehaltige Salatsoßen, Bratensoße, Schokolade oder eihaltige Süßspeisen.

Häufig wird hierbei der Fehler gemacht, dass die wasserlösliche Komponente herausgewaschen wird, wodurch der Fleck im ersten Moment verschwunden zu sein scheint, und keine weiteren Maßnahmen ergriffen werden. Bleibt aber der fetthaltige Bestandteil im Gewebe erhalten, kann es später durch heißes Waschen oder Bügeln zu hässlichen braunen Verfärbungen kommen.

Daher ist es am besten, zunächst den wasserlöslichen Schmutz herauszuwaschen und danach den Fettanteil mit entsprechenden Mitteln zu behandeln.

Überschäumender Sekt oder Schaumwein ist eine häufige Ursache für Flecken.

Farbflecken

Substanzen, die Farbstoffe enthalten, hinterlassen – leider meist viel zu schnell – auffällige und intensive Flecken. Hierzu zählen Kosmetika und Körperpflegemittel, aber auch Druckerschwärze, Toner, intensiv gefärbte Getränke, Blütenstaub, Holzlasur oder Tinte. Auch wenn zu Beginn eine Fleckenbehandlung schier aussichtslos erscheint, sollte man die Hoffnung nicht aufgeben, sondern durch gezielte und wiederholte Behandlung dem Fleck zu Leibe rücken. Bei weißen Geweben bleibt als letzter Ausweg immer noch das Bleichen oder Entfärben übrig.

Flecken chemischen Ursprungs

Flecken, die durch bestimmte chemische Substanzen hervorgerufen werden, gehören zu den Kandidaten, die einem oft richtig Kopfzerbrechen bereiten und deren Entfernung in manchen Fällen wirklich aussichtslos ist. Da diese Substanzen im Allgemeinen recht aggressiv sind, können sie in Geweben häufig die Farbstoffe oder im Extremfall sogar die Gewebestruktur selber zerstören.

Um Flecken chemischen Ursprungs erfolgreich zu behandeln, ist es ganz besonders wichtig, möglichst schnell geeignete Maßnahmen zu ergreifen. Nur bei sofortigem Handeln ist ein vollständiges Entfernen eventuell noch möglich.

Derartige chemische Substanzen finden sich beispielsweise in Medikamenten wie Salben oder in Mitteln gegen Pickel. Säuren oder Laugen, die nicht nur eine verfärbende Wirkung haben, sondern im schlimmsten Fall sogar das Gewebe angreifen oder zerstören, sind in vielen Haushalts-, Sanitär- und Spezialreinigern enthalten. Beim Umgang mit solchen Substanzen sollte man also immer Vorsicht walten lassen.

Bleichmittel oder Schimmelentferner, die zur Reinigung verschiedener Gewebe und Oberflächen eingesetzt werden, können auf dem falschen Untergrund Farbveränderungen verursachen, die meistens nicht rückgängig zu machen sind. Auch Düngepräparate, Pflanzenschutzmittel oder bestimmte Desinfektionsmittel können farbige Gewebe angreifen oder entfärben. Bei ätzenden Substanzen hilft nur die sofortige Behandlung mit viel Wasser, um eine dauerhafte Zerstörung des Gewebes zu verhindern. Bereits wenige Minuten können ausreichen, um irreversible Schäden anzurichten.

Es gibt noch eine Reihe von Flecken, Verschmutzungen und Verfärbungen, die sich nicht eindeutig einer dieser Kategorien zuordnen lassen. Dazu gehören beispielsweise leichte Brandflecken, angelaufenes Metall oder Schneeränder auf Schuhen. Die entsprechenden Behandlungsmethoden für solche Problemfälle werden im alphabetisch geordneten Teil des Buches erläutert (ab Seite 51).

Hilfsmittel und Geräte

Einmal abgesehen von einer Waschmaschine, die heutzutage ja in nahezu jedem Haushalt zur Verfügung steht, benötigt man für die Fleckentfernung auch von nicht waschbaren Materialien eine Reihe von Hilfsmitteln und Geräten, die allerdings weitgehend in jedem Haushalt vorhanden sind.

Baumwolllappen

Saubere, weiße Lappen sind besonders wichtig, um verschüttete Flüssigkeiten auch in größeren Mengen aufsaugen zu können. Sie sollten weiß sein, damit sie nicht abfärben, viel Flüssigkeit aufnehmen können und nicht fusseln. Baumwolle ist dafür das geeignetste Material. Auch für die spätere Behandlung einer Reihe von Flecken mit unterschiedlichen Reinigungsmitteln leisten Baumwolllappen gute Dienste. Nach Verwendung lassen sie sich einfach bei 60 °C oder 95 °C in der Waschmaschine waschen und sind bereit für den nächsten Einsatz. Für diesen Zweck lassen sich Stoffwindeln, zerschnittene weiße Bettlaken oder alte weiße T-Shirts aus Baumwolle verwenden.

Bürste

Zum schonenden Auftragen von Reinigungsmitteln auf kleinen Flächen ist eine kleine Fleckenbürste geeignet. Sie besitzt kurze, dichte Borsten. Das Ende des Handgriffs ist meistens so abgeflacht, dass es gleichzeitig als Spatel verwendet werden kann. Auch eine Bürste zum Auftragen von Schuhcreme ist dafür geeignet – zweckentfremdet darf sie selbstverständ-

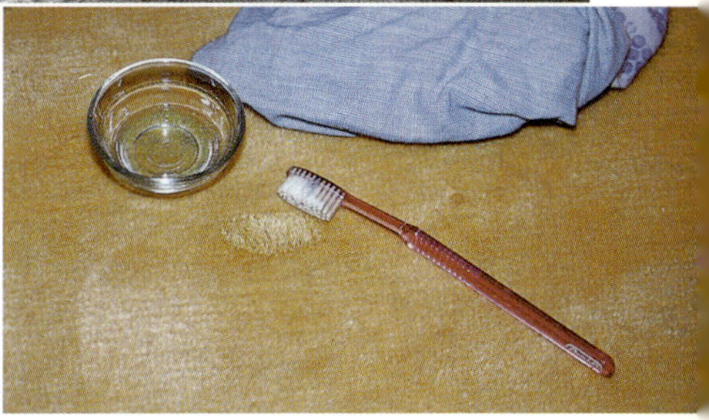

Oben: Mit Oranexlösung lassen sich auch großflächige Verschmutzungen aus Teppichböden gut entfernen.
Rechts: Mit einer alten Zahnbürste lässt sich kleinflächig arbeiten.

lich nur dann werden, wenn sie zuvor nicht in Gebrauch war.
Für sehr kleine Flächen kann man auch eine weiche Zahnbürste verwenden.

Es ist vorteilhafter, insbesondere schäumende Reinigungsmittel mit einer Bürste aufzutragen. Die behandelte Fläche bleibt kleiner als beim Reinigen mit einem Tuch und das Mittel gelangt besser und direkter an die verschmutzten Fasern.

Eimer

Rückt man einer Verschmutzung auf Teppichen, Möbeln oder Autopolstern zu Leibe, benötigt man meistens größere Mengen an Wasser oder Waschlauge, in welchen Lappen oder Schwamm wiederholt ausgespült werden. Hierfür ist ein Eimer unentbehrlich.

Flaschenkorken

Bei der Behandlung mancher harter Oberflächen, wie zum Beispiel Holz, muss die Reinigungssubstanz sehr schonend aufgetragen werden. Hierbei hat sich die Verwendung von sauberen Flaschenkorken gut bewährt. Um eine wirklich saubere Oberfläche des Korkens zu erhalten, halbiert man ihn mit einem scharfen Messer und verwendet dann die frischen Schnittflächen.

Küchenkrepp

Zum Aufsaugen von kleineren Mengen Flüssigkeit reicht unter Umständen auch Küchenkrepp aus, wenn gerade keine Baumwolllappen zur Hand sind. Allerdings produziert man hierbei Abfall, was bei der Verwendung von wiederverwendbaren Baumwolltüchern nicht der Fall ist. In manchen Fällen ist es jedoch durchaus sinnvoller oder hygienischer, Küchenkrepp zu verwenden, der dann sogleich mitsamt Inhalt in den Müll wandern kann, zum Beispiel beim Aufnehmen von Erbrochenem, Kot, Urin oder Farbe.

Papiertaschentücher oder Papierservietten sind zum Aufsaugen von Flüssigkeit nicht geeignet, da sie fusseln und sich schnell auflösen und somit Krümel auf den Textilien hinterlassen.

Löffel

Gelangen dickflüssige, breiige oder halbfeste Stoffe auf Kleidung, Teppich oder Polster, dringen sie zwar nicht völlig in das Gewebe ein, hinterlassen aber häufig hässliche Flecken. Um zuerst den größten Teil dieser Substanzen abzunehmen, ist ein Löffel geeignet. Mit ausreichendem Druck wird so viel wie möglich von der verschütteten Substanz aufgenommen, ohne dabei zu kratzen oder den Schmutz noch tiefer in das Gewebe zu reiben.

Mikrofaserlappen

Alternativ oder zusätzlich zum Auftragen von Reinigungsmitteln mit einer Bürste haben sich auch die kleinen Mikrofaserlappen bewährt, die heute von verschiedenen Firmen im Handel angeboten und manchmal sogar direkt als Fleckenläppchen bezeichnet werden. Sie erzielen in Ergänzung zum Reinigungsmittel zusätzlich eine mechanische Reinigungswirkung, da die speziellen Fasern die Schmutzpartikel besser lösen. Ein weiterer Vorteil dieser Lappen ist, dass sie beim Ausspülen in sauberem Wasser die aufgenommenen Schmutzpartikel leicht wieder abgeben und somit länger und effektiver eingesetzt werden können, ohne zwischendurch gewaschen werden zu müssen.

Radiergummi

Für das Entfernen von leichten Verschmutzungen und natürlich Bleistiftstrichen auf harten Oberflächen, aber auch auf Textilien oder Leder, leistet ein sauberer, weicher Radiergummi gute Dienste.

Sandpapier

Für die Behandlung von Flecken, die auf harten Flächen, insbesondere auf Holz, die oberste Schicht bereits angegriffen oder durchdrungen haben, kann der Einsatz von sehr feinem Sandpapier erforderlich werden. Hierbei sollte auf eine ganz feine Körnung geachtet werden, damit keine unnötigen Kratzer auf der Oberfläche entstehen.

Schwamm

Es gibt Schwämme, die durch ihr spezielles Material und ihre Feinporigkeit eine enorm hohe Aufnahmefähigkeit für Flüssigkeiten besitzen. Sie eignen sich besonders für das Aufsaugen von großen Flüssigkeitsmengen auf Polstern oder Teppichen. Aber auch bei der Nachbehandlung von Flecken sind sie zu empfehlen, da hier mehrmals mit Wasser oder Seifenlauge behandelt wird und zwischendurch die Flüssigkeit immer wieder aufgenommen werden muss.

Spatel

Ein Spatel erweist gute Dienste, wenn eine mehr oder weniger feste Substanz von einer Oberfläche abgehoben oder abgekratzt werden muss. Das ist zum Beispiel bei der Entfernung von Kaugummi, Knetmasse, angetrocknetem Brei oder Wachs der Fall. Spatel sind aus unterschiedlichen Materialien wie Kunststoff, Knochen oder Metall erhältlich. Wichtig ist, dass die Schabkante möglichst dünn und glatt ist, damit das Gewebe nicht beschädigt, aufgeraut oder aufgerissen wird.

Sprühflasche

Bei der Fleckenbehandlung auf Polstern oder Teppichen ist es häufig notwendig, den Fleck wiederholt mit Wasser oder einer Reinigungslösung zu befeuchten, um die Flüssigkeit danach wieder abzutupfen oder aufzusaugen. Damit nicht zu viel Flüssigkeit auf einmal auf den Fleck gerät, sollte man sie mit Hilfe einer Sprühflasche auftragen. Dazu eignen sich Sprühflaschen, die man zum Befeuchten von Pflanzen oder Bügelwäsche verwendet.

Stahlwolle

Zum Polieren oder zur Fleckentfernung von Metalloberflächen kann ganz feine Stahlwolle verwendet werden. Um die Oberfläche aber nicht unnötig zu verkratzen, sollte diese nur sehr vorsichtig eingesetzt werden.

Staubsauger

Ein unentbehrliches Haushaltsgerät ist der Staubsauger. Bei allen Arten von Verunreinigungen durch pulver- oder puderförmige Stoffe ist sein Einsatz die erste Notfallmaßnahme. Erst wenn alle Feststoffe gründlich weggesaugt wurden, sollte mit der eigentlichen Fleckenbehandlung begonnen werden.

Zahnbürste siehe **Bürste**

Reinigungsmittel

Auch wenn die meisten Flecken mit Wasser und den üblichen Waschmitteln zu entfernen sind, ist es doch unumgänglich, für Flecken, die sich hartnäckig den normalen Reinigungsmethoden widersetzen, spezielle Reinigungsmittel anzuwenden. Je nach Beschaffenheit des Flecks sind unterschiedliche Wirkstoffe notwendig. Um für alle Fälle gewappnet zu sein, empfiehlt es sich daher, einige der im Folgenden aufgeführten

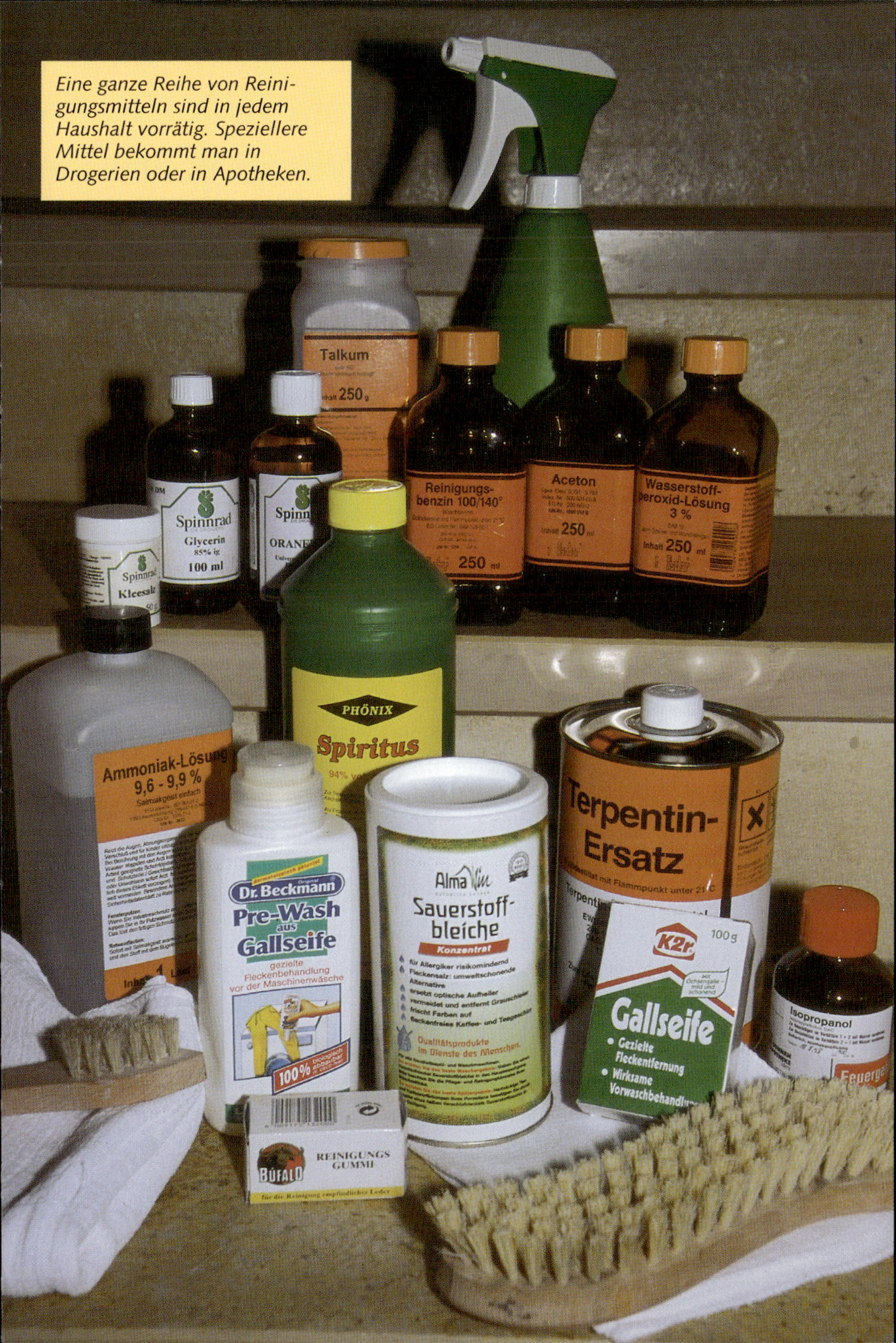

Eine ganze Reihe von Reinigungsmitteln sind in jedem Haushalt vorrätig. Speziellere Mittel bekommt man in Drogerien oder in Apotheken.

Mittel immer auf Vorrat zu haben. Manche Mittel sind Reinchemikalien, die in Apotheken oder Drogerien erhältlich sind, andere sind bewährte Hausmittel, die in den meisten Haushalten ohnehin vorhanden sind.

Die üblichen, von verschiedenen Firmen angebotenen Fleckentfernungsmittel, basieren in ihrer Zusammensetzung vorwiegend auf den hier angeführten Substanzen und werden daher nicht speziell erwähnt. Außerdem liegen die Anschaffungskosten für spezielle Fleckenmittel in der Regel höher als für die hier aufgeführten Mittel, so dass es sich auch im Interesse des Haushaltsetats häufig empfiehlt, Grundreinigungsmittel zu verwenden. Bei speziellen Fleckentfernungsmitteln, sei es in Form von Flüssigkeiten oder Pasten, sollte man auf alle Fälle vor der Anwendung genau die Gebrauchsanweisung lesen, um Schäden an Textilien zu vermeiden, da darin häufig Lösungs- oder Bleichmittel enthalten sind, die Gewebe oder Farbstoffe angreifen.

Auch wenn es selbstverständlich sein sollte, sei an dieser Stelle darauf hingewiesen, dass sämtliche Reinigungsmittel und Chemikalien wegen der Vergiftungsgefahr für Kinder und Haustiere unzugänglich aufbewahrt werden müssen. Außerdem ist es wichtig, dass die Gefäße und Packungen immer deutlich beschriftet und dicht verschlossen sind.

Bei der Arbeit mit leicht flüchtigen Chemikalien muss immer für gute Belüftung gesorgt werden. Durch übermäßiges Einatmen der Dämpfe kann es zu Hustenreiz, Kopfschmerzen oder Übelkeit kommen. Außerdem sollten bei der Arbeit mit aggressiven Mitteln (Säuren oder Laugen) Handschuhe getragen werden, um die Haut zu schützen. Bei sämtlichen Reinigungsmitteln sollte der Kontakt mit Augen und Schleimhäuten vermieden werden.

Mehrere der alphabetisch aufgelisteten Reinigungsmittel können auch alternativ zu anderen Mitteln verwendet werden. Es ist daher nicht nötig, alle Substanzen der Liste zu Hause auf Vorrat zu haben.

Aceton

(Alternative: in einigen Fällen Nagellackentferner)

Aceton ist ein leicht flüchtiges Lösungsmittel, das zum Entfernen von Lacken (auch von Nagellack), Farben und Klebstoffen geeignet ist. Aceton ist leicht entzündlich. Die frei werdenden, intensiv riechenden Dämpfe sind gesundheitsschädlich, deshalb sollten längere Arbeiten mit Aceton nur in gut durchlüfteten Räumen stattfinden.

Aceton ist für einige Kunststoffe und Kunstfasern wie zum Beispiel Acetat nicht geeignet, da es diese Art von Gewebe regelrecht auflöst und Löcher hinterlässt. Im Zweifelsfall muss daher immer zuerst an einer verdeckten Stelle ausprobiert werden, ob das Material die Behandlung mit Aceton aushält.
→ erhältlich in Drogerien und Drogeriemärkten.

Alkohol, vergällter
(Alternative: Isopropanol)

Vergällter Alkohol ist Ethylalkohol oder Ethanol, der durch Zusatz von Fuselölen für den menschlichen Genuss unbrauchbar gemacht worden ist. Daher ist vergällter Alkohol auch um ein Vielfaches billiger als reiner Alkohol.

Vergällter Alkohol ist leicht entzündlich. Er lässt sich für die Fleckentfernung aus nicht waschbaren Fasern verwenden. Es kann sein, dass durch Alkohol Farben in Geweben verlaufen. Daher empfiehlt es sich, die Reinigungswirkung vorher immer zu testen! Bei Anwendung auf Kunstfasern sollte der Alkohol im Verhältnis 1:2 mit Wasser verdünnt werden.
→ erhältlich in Apotheken und Drogerien.

Ammoniak siehe **Salmiakgeist**

Backpulver
Backpulver enthält unter anderem Phosphat und Natriumhydrogencarbonat, ein Salz der Kohlensäure. In Verbindung mit Wasser spaltet sich das Natriumhydrogencarbonat auf in Kohlensäure und Natriumhydroxid, auch als Natronlauge bekannt. Daher ist Backpulver in Verbindung mit Wasser ein wirkungsvolles Reinigungsmittel für Verfärbungen und Ablagerungen auf harten, glatten Oberflächen. Es kann auch zur Neutralisation von Säuren verwendet werden.

Chlorbleiche

Chlorbleiche ist ein sehr starkes Bleichmittel, das nicht bei empfindlichen Geweben eingesetzt werden sollte. Es ist zwar

bei der Fleckentfernung recht wirkungsvoll, bleicht aber auch häufig die Farben aus. Daher sollte es vorher immer an verdeckter Stelle getestet werden. Am besten bleicht man ohnehin das ganze Kleidungsstück und nicht nur die Stelle mit dem Fleck, um eine gleichmäßige Farbe zu erhalten, falls sie doch etwas verändert wird. Chlorbleiche greift nicht nur Farbe an, sondern kann auch die Gewebestruktur schwächen. Daher sollte sie nicht zu häufig verwendet werden.
→ erhältlich in Drogerien und Drogeriemärkten.

Entfärber

Die in Entfärber aktive chemische Substanz trägt den Namen Natriumdithionit. Dieser Begriff taucht manchmal in Anleitungen zur Fleckentfernung auf. Besonders bei sehr farbintensiven Flecken wie von Tusche oder Jod stellt für farbechte Gewebe die Behandlung mit Entfärber häufig die letzte Möglichkeit dar.
→ erhältlich in Drogerien und Drogeriemärkten.

Enzymhaltige Waschmittel

Die meisten als Vollwaschmittel und Buntwaschmittel bezeichneten Produkte enthalten Enzyme. Das sind Substanzen, welche die Zersetzung von bestimmten Stoffen, insbesondere von Eiweißen (Proteinen), bewirken. Daher sind solche Waschmittel auch für die Vorbehandlung von eiweißhaltigen Flecken geeignet. Die Enyzme helfen, die Proteine zu spalten und aus dem Gewebe herauszulösen. Feinwaschmittel und Wollwaschmittel enthalten in der Regel keine Enzyme, da empfindliche Gewebe und Wolle von den Enzymen angegriffen werden können.

Essig

(Alternative: Zitronensäure)

Als Essig wird im Allgemeinen verdünnte Essigsäure bezeichnet. Es ist ein natürliches kalklösendes und desinfizierendes Reinigungsmittel. Für die Fleckentfernung, zum Entkalken oder zum Putzen wird so genannter Haushaltsessig oder Essigreiniger verwendet. Ist jedoch beispielsweise bei hartnäckigeren Kalkbelägen ein stärkeres Mittel erforderlich, kann man auch konzentrierte Essigsäure, so genannte Essigessenz, verwenden. Da es sich bei der Essigsäure um eine relativ starke Säure handelt, kann sie Hautreizungen verursachen. Daher sollte man bei der Anwendung entsprechend vorsichtig sein. Essigessenz hat den Vorteil, dass man sie nach Bedarf konzentriert oder entsprechend verdünnt anwenden kann und sie somit vielseitig einsetzbar ist.

Für Reinigungszwecke sollten natürlich nur farblose Essige (zum Beispiel Apfelessig) oder Essigessenz verwendet werden, damit keine zusätzliche Verfärbung der Gewebe eintritt.

Fleckenwasser

(häufige Alternative: Waschbenzin)

Fleckenwasser ist eine klare, sehr leicht flüchtige Flüssigkeit. Es löst fetthaltige Flecken und manche Farbflecken und eignet sich besonders für die Behandlung von nicht waschbaren Geweben. Die schnell verdampfenden Lösungsmittel sollten nicht eingeatmet werden. Sie verströmen den typischen Geruch einer chemischen Reinigung. Falls möglich, sollte zur Fleckentfernung das etwas weniger flüchtige Waschbenzin vorgezogen werden, da Fleckenwasser zusätzliche Lösungsmittel enthält.

→ erhältlich in Drogerien, Drogeriemärkten und Supermärkten.

Gallseife

Gallseife ist ein altbewährtes Fleckenmittel, das vorwiegend zur Vorbehandlung von waschbaren Textilien verwendet wird. Es gibt Gallseife in fester Form als Seifenstück und in flüssiger Form in einer Tube, wobei man die Flüssigseife mit Hilfe eines bürstenförmigen Applikators auf die Wäsche aufbringt. Gallseife besteht zu mindestens 30 Prozent aus Seife sowie aus Ochsengalle und Glyzerin. Die Ochsengalle ist dabei für das besonders wirkungsvolle Entfernen von fetthaltigen Flecken verantwortlich.

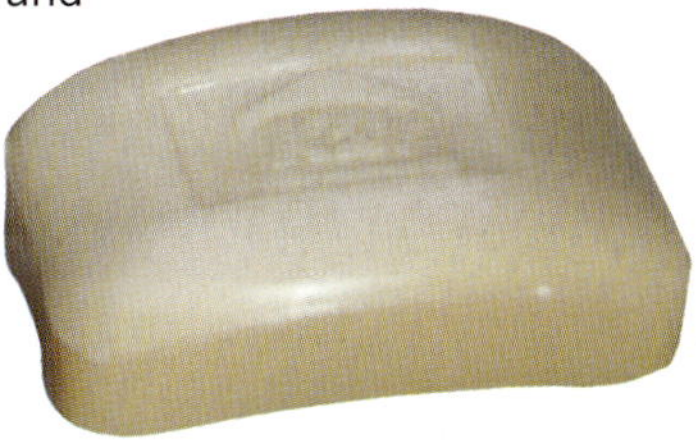

→ erhältlich in Drogerien und Drogeriemärkten.

Glas- und Oberflächenreiniger

Handelsübliche Glas- und Oberflächenreiniger enthalten neben Tensiden als aktive Substanz Isopropylalkohol, auch als Isopropanol bezeichnet. Sie haben sich bei der Reinigung von Glas- und Kunststoffoberflächen gut bewährt. Auch für die Fleckentfernung auf Teppichen oder Polstermöbeln sind sie geeignet, zum Beispiel bei Verschmutzungen durch Straßenschuhe. Der Fleck wird mit dem Reiniger besprüht und mit einem sauberen Läppchen vorsichtig herausgerieben.
→ erhältlich in Drogerien, Drogeriemärkten und Supermärkten.

Glyzerin

Glyzerin ist eine klare, etwas zähe Flüssigkeit. Im Allgemeinen ist dieser Stoff als Frostschutzmittel bekannt. Glyzerin besitzt die Eigenschaft, Fett zu lösen. Daher wird Glyzerin häufig zur Vorbehandlung von fetthaltigen, besonders älteren Flecken verwendet, um diese aus dem Gewebe heraus zu lösen und sie anschließend besser entfernen zu können.
→ erhältlich in Drogerien und Drogeriemärkten.

Isopropanol
(Alternative: vergällter Alkohol)

Isopropanol, auch als Isopropylalkohol bezeichnet, ist ein Alkohol, der sich in der chemischen Struktur vom Ethanol unterscheidet, aber ebenso leicht entzündlich ist und gleichermaßen zur Fleckentfernung eingesetzt wird. Auch seine Eigenschaften lassen sich mit denen des vergällten Alkohols vergleichen.
→ erhältlich in Apotheken.

Isopropylalkohol siehe **Isopropanol**

Haarspray

Haarspray gehört zwar nicht zu den klassischen Reinigungsmitteln, lässt sich aber wirkungsvoll bei der Entfernung von Kugelschreiberflecken einsetzen. Außerdem lassen sich mit Haarspray Bleistift- oder Kohlezeichnungen unsichtbar fixieren, so dass sie nicht mehr verwischen und damit unliebsame Flecken hinterlassen können.

Kernseife siehe **Seife**

Kältespray siehe **Vereisungsspray**

Kleesalz

Kleesalz ist das Salz der Oxalsäure. Oxalsäure ist eine in der Natur, zum Beispiel in Rhabarber, vorkommende Säure. Sie wird speziell bei der Behandlung von Rostflecken verwendet.
→ erhältlich in Bioläden oder Geschäften, die umweltfreundliche Reinigungsmittel führen.

Lacklösepaste

Mit Lacklösepaste lassen sich Beizeflecken aus Teppichen und Polstermöbeln entfernen.
→ erhältlich in Farbengeschäften.

Mineralwasser

Durch die Kohlensäure besitzt Mineralwasser eine stärkere Reingungswirkung als normales Leitungswasser. Da die Reinigungswirkung äußerst schonend ist, empfiehlt sich daher in manchen Fällen die Verwendung von Mineralwasser, zum Beispiel bei Fettflecken in Wolle, aber auch bei Rotwein- oder Obstflecken.

Nagellackentferner

(Alternative: in einigen Fällen Aceton)

Nagellackentferner kann beim Ablösen von Klebstoffresten und Farbflecken auf glatten, harten Oberflächen verwendet werden. Nagellackflecken in Textilien und Teppichen sollten jedoch mit Aceton entfernt werden.

Oberflächenreiniger siehe **Glas- und Oberflächenreiniger**

Oranex

Wer regelmäßig in Geschäften mit umweltfreundlichen Reinigungsmitteln einkauft, wird dieses Universalreinigungsmittel kennen. Es ist hoch konzentriert und kann unverdünnt ätzend wirken oder Hautreizungen verursachen. Es wird daher häufig in starker Verdünnung angewendet. Durch seinen hohen Anteil an ätherischen Ölen (vor allem Orangenblütenöl) ist es besonders für die Grundreinigung von Teppichen oder Polstermöbeln von Hunde- und Katzenhaltern geeignet, da durch die stark desodorierende Wirkung der typische „Tiermief" bekämpft werden kann. Auch für die Fleckentfernung ist es geeignet.
→ erhältlich in Bio- oder Naturkostläden.

Oxalsäure siehe **Kleesalz**

Reinigungsbenzin siehe **Waschbenzin**

Rostfleckenentferner

So genannte Rostfleckenentferner werden im Handel von verschiedenen Firmen angeboten. Ihr Hauptwirkstoff ist Oxalsäure. Bei der Anwendung sollte die Gebrauchsanleitung genau beachtet werden.

Salmiakgeist

Salmiakgeist ist der handelsübliche Name für Ammoniak-Lösung. Ist bei der Beschreibung von Reinigungsverfahren von Ammoniak die Rede, ist daher normalerweise Salmiakgeist gemeint. Es handelt sich dabei um eine 9,6 bis 9,9%ige Ammoniak-Lösung.

Ammoniak ist leicht flüchtig, reizt die Atemwege und die Haut. Deshalb ist auch beim Umgang mit Salmiakgeist äußerste Sorgfalt geboten. Die Dämpfe sollten nicht eingeatmet werden und bei der Anwendung ist für gute Durchlüftung zu sorgen.

Salmiakgeist hat eine leicht bleichende Wirkung und kann deshalb auch als mildes Bleichmittel eingesetzt werden.
→ erhältlich in Drogerien und Drogeriemärkten.

Salz

Auch einfaches Speisesalz ohne Zusätze, chemisch als Natriumchlorid bezeichnet, kommt bei der Entfernung einiger Flecken zum Einsatz. Die jeweilige Anwendung wird bei den einzelnen Flecken beschrieben.

Salzsäure, verdünnt

Vorsicht! Beim Arbeiten mit verdünnter Salzsäure immer Handschuhe tragen und für eine ausreichende Belüftung sorgen.

Verdünnte Salzsäure sollte nur bei ganz hartnäckigen Verfärbungen oder Verkalkungen auf glatten Oberflächen verwendet werden, wenn Essigreiniger oder Essigessenz nicht wirken.
→ Salzsäure ist in der geeigneten Verdünnung in Drogerien und Drogeriemärkten erhältlich.

Sauerstoffbleiche

Unter dem Namen Sauerstoffbleiche werden chlorfreie Bleichmittel angeboten, die mindestens 30 Prozent Bleichmittel auf Sauerstoffbasis sowie Soda und Zitrate enthalten. Diese Bleichmittel sind für Allergiker zu empfehlen, da sie keine aggressiven chemischen Stoffe enthalten. Allerdings sind sie auch nicht so wirkungsvoll wie beispielsweise Chlorbleiche. Dagegen sind sie für empfindlichere Gewebe geeignet.
→ erhältlich in Drogerien und Drogeriemärkten.

Sauerstoffbleiche ist nicht für die Enfernung eiweißhaltiger Flecken geeignet, da sie ihre volle Wirkung erst bei einer Wassertemperatur von mindestens 50 °C entfaltet. Eiweißhaltige Flecken dürfen jedoch niemals mit heißem Wasser behandelt werden *(siehe Seite 15).*

Seife

Bei manchen Flecken hat sich das einfache Herauswaschen mit einem Stück Seife bewährt. Allerdings sollte man darauf achten, dass die Seife nicht zu stark gefärbt oder parfümiert ist. Auch Kernseife lässt sich hierfür gut verwenden.

Soda siehe Waschsoda

Spiritus

Spiritus wird nicht nur zum Entfachen des Grillfeuers oder zum streifenfreien Fensterputzen verwendet, sondern findet auch häufigen Einsatz bei der Fleckentfernung. Der im Handel erhältliche Spiritus ist eine 94%ige Alkohollösung und damit leicht entzündlich.
→ erhältlich in Drogerien und Drogeriemärkten.

Spüli

Unter dem Begriff Spüli seien hier alle Handgeschirrspülmittel zusammengefasst. Bei manchen Verunreinigungen bietet es sich an, eine Vorbehandlung mit Spüli vorzunehmen. Die Marke spielt dabei keine Rolle.

Stärkemehl
(Alternative: Talkum)

Stärke- oder auch Kartoffelmehl ist ein schneeweißes, griffiges Pulver, das wie Talkum als Absorbierungsmittel für fetthaltige Flecken verwendet werden kann. Es ist häufig im Haushalt vorrätig und daher schnell verfügbar. Eventuell lässt sich Stärkemehl etwas schwerer aus dem Gewebe entfernen.

Talkum
(Alternative: Stärkemehl)

Talkum ist ein weißes, mineralisches Pulver. Es wird als Absorbierungsmittel für fett- und ölhaltige Flecken verwendet. Man streut das Pulver auf den Fleck und lässt es längere Zeit einwirken, so dass es das Fett aus dem Gewebe ziehen kann. Anschließend wird das Pulver abgesaugt oder abgebürstet. In hartnäckigen Fällen kann der Vorgang wiederholt werden. Häufig lassen sich auf diese Weise fetthaltige Flecken fast vollständig entfernen.
→ erhältlich in Drogerien und Drogeriemärkten.

Terpentin

Terpentin ist ein Harz, das aus verschiedenen Kiefernarten gewonnen wird. Durch Destillation lässt sich daraus Terpentinöl herstellen. Terpentinöl wird unter anderem als Lösungsmittel für Teer, Farben und Lacke verwendet. Bei der Fleckentfernung hat es den Nachteil, dass eine starke Randbildung auftritt. Außerdem ist Terpentinöl heutzutage nur schwer im Fachhandel erhältlich.

Als Alternative bietet sich Terpentinersatz an. Diese preiswerte Alternative zu Terpentinöl ist stark lösungsmittelhaltig und somit leicht flüchtig, hat aber dadurch den Vorteil, dass die Randbildung bei der Fleckentfernung wesentlich geringer ausfällt. Bei der Arbeit mit Terpentinersatz sollte für gute Durchlüftung gesorgt werden.
→ erhältlich in Drogerien und Drogeriemärkten.

Terpentinersatz siehe **Terpentin**

Vaseline

Bei besonders alten, eingetrockneten, fetthaltigen Flecken kann die Vorbehandlung mit Vaseline sinnvoll sein, um das Fett aufzuweichen und dadurch das Herauslösen aus dem Gewebe zu erleichtern.

Verdünner

Verdünner oder Pinselreiniger löst Lacke, Ölfarben und Klebstoffe und wird daher bei der Entfernung von Flecken solchen Ursprungs benötigt. Die frei werdenen, intensiv riechenden Dämpfe sollten nicht eingeatmet werden. Bei der Behandlung größerer Bereiche muss daher für eine gute Durchlüftung gesorgt werden.
→ erhältlich in Baumärkten, Farbgeschäften und Drogerien.

Vereisungsspray

Vereisungs- oder Kältespray wird normalerweise für die Erstversorgung bei Sportverletzungen verwendet. Aber auch zur Fleckentfernung kann dieses Mittel eingesetzt werden. Der darin enthaltene Wirkstoff heißt Chlorethan. Die besprühte Fläche wird extrem abgekühlt. Zum Entfernen von Kaugummi oder Wachs leistet dieses Spray gute Dienste.
→ erhältlich in Apotheken.

Waschbenzin
(häufige Alternative: Fleckenwasser)

Waschbenzin ist ein leicht entzündliches Mineralölprodukt, das besonders zur Entfernung fetthaltiger Flecken eingesetzt wird. Die Dämpfe besitzen den typischen „Reinigungsgeruch", der von vielen sogar als angenehm empfunden wird, aber nicht eingeatmet werden sollte.

Bei der Behandlung mit Waschbenzin kann es je nach Material zu einer deutlichen Randbildung kommen. Daher sollten die Textilien falls möglich anschließend gleich gewaschen oder der Fleck mit Fleckenwasser oder etwas Seifenlauge nachbehandelt werden.
→ erhältlich in Apotheken, Drogerien und Drogeriemärkten.

Wäscheborax

Wäscheboraxlösung kann zum Einweichen von Textilien mit hartnäckigen oder eingetrockneten Flecken verwendet werden. Man kann damit aber auch verschiedene Flecken aus Teppichen und Polstermöbeln entfernen.
→ Wäscheborax ist als weißes Pulver in Drogerien und Drogeriemärkten erhältlich. Die Lösung wird nach Gebrauchsanleitung angerührt.

Waschsoda

Waschsoda enthält als Wirkstoff Natriumcarbonat, ein Salz der Kohlensäure. In Verbindung mit Wasser entsteht daraus eine relativ starke Lauge. Waschsoda wird zum Einweichen von Wäschestücken verwendet.
→ erhältlich in Drogerien und Drogeriemärkten.

Wasserstoffperoxid

Wasserstoffperoxid wird normalerweise zur Desinfektion und Wundreinigung eingesetzt. Bei der Fleckentfernung wird es zudem als Bleichmittel verwendet. Im Handel sind 3%ige Lösungen von Wasserstoffperoxid erhältlich, die als weiteren Zusatzstoff Phosphorsäure enthalten. Sie werden unver-

Man sollte Wasserstoffperoxid nicht in zu großen Mengen kaufen, da es bei längerer Lagerung an Wirkung einbüßt.

dünnt angewendet. Durch Wasserstoffperoxidbäder werden vergilbte Materialien wie Elfenbein oder Horn wieder weiß.
→ erhältlich in Apotheken, Drogerien und Drogeriemärkten.

Zahnpasta

Zahnpasta (weiß, ohne Farbstoffe!) kann verwendet werden, um Rußflecken aus verschiedenen Materialien zu entfernen.

Zigarrenasche

Zur Entfernung von Wasserflecken auf glatten Oberflächen hat sich das sanfte Abreiben mit einer Mischung aus Zigarrenasche und bestimmten fetthaltigen Stoffen wie beispielsweise Speiseöl bewährt. Notfalls lässt sich auch Zigarettenasche verwenden.

Zitronensaft

Reiner Zitronensaft ist ein natürliches Entkalkungsmittel. Außerdem besitzt es bei bestimmten Fleckenarten eine gewisse Bleichwirkung. Zum Ausbleichen empfiehlt es sich, die behandelten Textilien zusätzlich in die Sonne zu legen, um die Wirkung zu erhöhen. Auch bei der Reinigung von Metalloberflächen wird Zitronensaft verwendet. Man kann dafür sowohl frische Zitronen als auch den im Handel abgefüllten reinen Zitronensaft verwenden.

Zitronensäure
(Alternative: Essig)

Zitronensäure ist ein wirkungsvolles und umwelfreundliches Entkalkungsmittel. Sie ist als weißes Pulver erhältlich, so dass man sich die benötigte Lösung in verschiedenen Konzentrationen selber herstellen kann. Besonders wer den Geruch von Essig nicht mag, kann Verkalkungen alternativ und ebenso effektiv mit Zitronensäure bekämpfen. Beim Entkalken von Heißwassergeräten ist ohnehin Zitronensäure oder ein Entkalker auf Zitronensäurebasis zu empfehlen, da diese Säure das Material der Geräte nicht angreift.
→ erhältlich in Drogerien und Drogeriemärkten.

Notfallset für unterwegs

Gerade wenn man unterwegs ist, sei es aus geschäftlichen oder gesellschaftlichen Gründen, gute Gaderobe aber nur in begrenzter Menge dabei hat, ist es besonders ärgerlich, wenn man sich ein gutes Stück ruiniert. Deshalb ist es sinnvoll, für unterwegs ein kleines Notfallset dabei zu haben, um das Unglück vor Ort beheben zu können – entweder sofort oder später im Hotelzimmer.

Zunächst müssen natürlich die Grundregeln, die weiter vorne im Buch beschrieben sind, unbedingt eingehalten werden. Versuchen Sie zu allererst, einen Fleck mit kaltem Wasser zu entfernen, wobei Sie auf keinen Fall Papiertaschentücher oder gar farbige Papierservietten benutzen sollten. Eine saubere Baumwollserviette ist dafür beispielsweise gut geeignet. Am besten ist es jedoch, Sie halten einen sauberen, weißen Baumwolllappen für solche Fälle in ihrem Notfallset bereit. Als Erste-Hilfe-Maßnahme sollte man auch immer einige Erfrischungstüchlein dabei haben. Sie passen in die kleinste Handtasche oder in die Jacketttasche. Mit diesen alkoholgetränkten Tüchern kann man sich bei einer Reihe von Flecken fürs Erste behelfen. Was sollte aber zusätzlich nie fehlen, wenn Sie ihren Koffer packen?

Das Notfallset für unterwegs sollte enthalten:

- √ *1 sauberen Baumwolllappen*
- √ *1 Fläschchen Waschbenzin oder Fleckenwasser*
- √ *1 Fläschchen Reinigungs-Alkohol*
- √ *1 Stück Gallseife*
- √ *Erfrischungstücher mit Kölnisch Wasser.*

- Für die Beseitigung von Fettflecken ist am besten Waschbenzin oder Fleckenwasser geeignet.
- Flecken durch Make up lassen sich häufig mit normaler Seife herauswaschen.
- Für farbintensive Flecken oder empfindliche Gewebe sollten Sie ein Fläschchen Reinigungs-Alkohol (Isopropanol, Isopropylalkohol, meist 70%ig) dabei haben. Hiermit lassen sich sehr viele durch Farbstoffe hervorgerufene Flecken herauslösen.
- Gallseife eignet sich zum Entfernen von eiweißhaltigen Flecken. Für unterwegs ist Gallseife in Form eines Seifenstückes am besten geeignet und einfach anzuwenden.

Die verschiedenen Techniken der Fleckentfernung

Wie bereits erwähnt, sollte man beim Entfernen von Flecken auf heftiges Reiben und Rubbeln verzichten. Je schonender man mit dem Material umgeht, desto weniger dringen die Schmutzstoffe in die Gewebe, Fasern oder Oberflächen ein. Die wichtigsten Techniken werden hier kurz beschrieben. Sie sollten immer berücksichtigt werden, auch wenn in den Einzelbeschreibungen der Methoden zur Fleckentfernung nicht immer darauf hingewiesen wird.

Aufsaugen

Verschüttete Flüssigkeiten müssen bei saugfähigen Oberflächen möglichst schnell aufgesaugt werden, damit sie erst gar nicht tiefer ins Gewebe eindringen. Hierzu legt man saubere Baumwolllappen oder reichlich Küchenkrepp auf den Fleck und übt leichten Druck von oben aus. Sobald der Lappen vollgesogen ist, wird er ausgewechselt. Dies wiederholt man so lange, bis keine Flüssigkeit mehr aufgesogen wird.

Bei vielen wasserlöslichen Flecken empfiehlt es sich, anschließend den Fleck weiter zu verdünnen, indem man klares Wasser darauf gießt, damit weitere Schmutz- und Farbstoffe herauslöst und wieder mit einem Lappen aufsaugt. Bei frischen Flecken kann man auf diese Weise den Fleck manchmal vollständig und ohne Zusatzbehandlung entfernen.

Wenn große Flüssigkeitsmengen aufgesaugt werden müssen, haben sich spezielle feinporige Schwämme bewährt, die weit mehr Flüssigkeit aufsaugen können als Stofflappen.

Tupfen

Anstatt Wasser oder Reinigungsmittel bei saugfähigen Oberflächen heftig hineinzureiben, sollte man diese lieber vorsichtig betupfen oder höchstens leicht und ohne heftigen Druck reiben. Das gilt besonders bei flüssigen Chemikalien wie Aceton, Alkohol, Spiritus oder Fleckenwasser. Bei Textilien legt man unter den Fleck ein sauberes, saugfähiges Tuch, damit die durch das Reinigungsmittel gelösten Schmutzstoffe sofort aufgenommen werden und nicht im Gewebe verbleiben.

Von außen nach innen arbeiten

Egal, ob man mit einem Tuch, einem Mikrofaserlappen oder einer Bürste arbeitet, das Reinigungsmittel sollte immer vorsichtig von außen nach innen in das Gewebe eingearbeitet werden, damit der Fleck nicht vergrößert wird und nicht noch weiter in das Gewebe eindringt.

Abkratzen

Festere Stoffe wie Paste, Gel oder Brei dringen zwar nicht in die Oberflächen ein, sollten aber trotzdem möglichst schnell entfernt werden, bevor man den Fleck mit Wasser oder anderen Reinigungsmitteln behandelt. Man nimmt die Masse mit einem Löffel ab, wobei man ruhig fest aufdrücken kann, um beispielsweise beim Teppich auch die etwas in den Flor eingedrungenen Schmutzstoffe aufzunehmen. Bei harten oder klebrigen Substanzen empfiehlt sich die Verwendung eines Spatels, mit dem die Masse vorsichtig abgehoben oder abgekratzt wird.

Einfrieren

Um den größten Teil klebriger Substanzen aus Textilien zu entfernen, empfiehlt sich die Methode des Einfrierens. Falls möglich, sollte man das ganze Kleidungsstück in die Gefriertruhe stecken. Andernfalls verwendet man Vereisungsspray oder legt Eiswürfel auf die betroffene Stelle. Substanzen wie Kaugummi, Wachs oder Teer werden dann hart und lassen sich zerbrechen, abbröckeln oder abkratzen. Der Restfleck wird anschließend weiter behandelt (siehe Seite 76, 99, 101f.).

Herausbügeln

Die übliche Methode, um Wachsflecken und auch einige Arten von Fettflecken zu entfernen, ist das Herausbügeln mit Hilfe von Löschpapier oder Küchenkrepp. Nachdem der größte Teil der Verschmutzung abgekratzt wurde, legt man das befleckte Material zwischen zwei Lagen saugfähiges Papier und fährt mit einem heißen Bügeleisen darüber. Das Papier wird so lange verschoben beziehungsweise ausgewechselt, bis kein gelöstes Fett mehr vom Papier aufgenommen wird.

Kochend-Wasser-Methode

Diese Methode ist nur für Textilien geeignet, die heißes Wasser vertragen, zum Beispiel weiße oder farbechte Leinen- oder Baumwollgewebe. Es gibt aber auch viele andere Mischgewebe, die diese recht kurzzeitige Behandlung unbeschadet überstehen. Allerdings kommt diese Methode meistens bei großflächigen Verschmutzungen zum Tragen. Beispielsweise werden Flüssigkeiten häufig auf Tischdecken oder Sets verschüttet, die ohnehin aus Baumwolle oder Baumwollmischgewebe bestehen und diese Behandlung gut vertragen. Für Wolle ist diese Methode selbstverständlich tabu.

Die Methode widerspricht zwar der Grundregel, frische Flecken nie mit heißem Wasser zu behandeln, hat sich aber insbesondere bei frischen Obst-, Gemüse- und Fruchtsaftflecken als überraschend wirkungsvoll erwiesen.

Die befleckte Stelle des Gewebes wird mit der Außenseite nach unten über eine große Schüssel gespannt und mit einem Gummiband befestigt. Am besten stellt

Die „Kochend-Wasser-Methode“.

man die Schüssel in die Badewanne, um keine Überschwemmung anzurichten. In der Zwischenzeit lässt man im Wasserkocher oder Kessel Wasser aufkochen. Aus gut einem halben Meter Höhe gießt man nun das kochende Wasser auf den Fleck, so dass die Verschmutzung aus dem Gewebe herausgespült wird. Hierzu benötigt man etwa einen Liter Wasser.

Sollte der Fleck mit dieser Methode nicht vollständig verschwunden sein, muss auf die anderen, weiter unten beschriebenen Verfahren zurückgegriffen werden.

Bleichen

Bei manchen farbintensiven Flecken bleibt nur das Bleichen übrig, um die Verfärbung wirklich rückstandslos zu entfernen. Je nach Gewebe und Farbechtheit kann man zum Bleichen Chlorbleiche, Entfärber, Wasserstoffperoxid oder Sauerstoffbleiche verwenden. Am stärksten wirkt Chlorbleiche, während Sauerstoffbleiche die mildeste Bleichwirkung erzielt.

Entweder werden die Textilien in einer Lösung mit dem Bleichmittel eingeweicht und anschließend gewaschen. Alternativ dazu verwendet man das Mittel pur, zum Beispiel Wasserstoffperoxid, bringt es direkt auf den Fleck auf oder legt das Gewebe hinein.

Abbinden

Bei großen Wäschestücken ist es oft sinnvoll, wenn man vermeiden kann, dass die Reinigungs- oder Lösungsmittel beziehungsweise das Wasser in das den Fleck umgebende Gewebe eindringen. Das lässt sich durch Abbinden der betroffenen Stelle erreichen. Besonders sinnvoll ist dieses Verfahren bei Federbetten oder Kopfkissen, in denen möglichst die Federn oder andere Füllungen nicht nass werden sollen.

Die befleckte Stelle wird so zu einem Zipfel geformt, dass sie mit einem Bindfaden vom Rest gut abgebunden werden kann. Der Zipfel kann anschließend entsprechend der Verschmutzung behandelt werden, ohne dass die ganze Decke oder das Kissen in Mitleidenschaft gezogen wird.

Auch bei großen Kleidungsstücken kann man so verfahren. Um einen einzelnen Fleck gezielt behandeln zu können, ohne dass das restliche Kleidungsstück von Reinigungsmittel durchtränkt wird, kann man die betroffene Stelle des Stoffes über ein Gefäß spannen und mit Schnur oder einem Gummiring befestigen. Auf diese Weise lässt sich das Gewebe in einem möglichst kleinen Bereich vorbehandeln, reinigen oder ausspülen. So können auch die Schmutzpartikel ungehindert durch das Gewebe hindurch nach unten herausgespült werden, ohne mit dem Rest des Kleidungsstückes in Kontakt zu kommen.

Egal, mit welcher Methode man den Flecken zu Leibe rückt: Es ist immer wichtig, das betroffene Material möglichst schonend zu behandeln.

Hoffnungslose Fälle

Selbst wenn man sich die größte Mühe gibt und alle Regeln der Fleckentfernung einhält, kann es vorkommen, dass man sich bei der Bekämpfung bestimmter Flecken geschlagen geben muss. Dann hat es auch keinen Sinn, mit immer stärkeren Geschützen aufzufahren und dadurch vielleicht sogar die Beschädigung oder Zerstörung des betroffenen Kleidungsstückes oder Gegenstandes zu riskieren. Auch die chemische Reinigung als letzte Hoffnung kann in diesen Fällen oft nichts mehr retten.

In solchen Fällen sollte man überlegen, wie man sich am besten mit dem Fleck arrangiert, will man das scheinbar ruinierte Stück nicht einfach wegwerfen. Es gibt durchaus immer noch Möglichkeiten, mit Flecken umzugehen, die jeder Behandlung trotzen. Dabei sind der Fantasie eigentlich keine Grenzen gesetzt, im Gegenteil ist eine gewisse Kreativität gefragt. Im Folgenden sollen nur einige Variationen vorgestellt werden, wie man Flecken beziehungsweise befleckte Materialien weiter benutzen kann.

Verdecken

- Flecken auf Kleidungsstücken an auffälligen Stellen lassen sich je nach Position zum Beispiel mit einer Brosche, einem Aufnäher, einem zusätzlichen Knopf, einem Gürtel oder einem Schal verdecken.

- An Ellenbogen oder Knien lassen sich bei Jacken, Pullovern oder Jeans Flicken aus Leder oder Stoff aufnähen, wenn das Kleidungsstück nicht unbedingt weiterhin „salonfähig" bleiben muss. Besonders bei Kindern, die ihre Kleidung ja erheblich strapazieren, bietet sich diese Lösung an.
- Nicht entfernbare Flecken auf Teppichen können auch je nach Position verdeckt werden: durch einen Blumentopf, einen Zeitungsständer, einen Kerzenständer, eine kleine Kommode oder einfach, indem die Möbel umgeräumt oder der Teppich gedreht wird.
- Flecken an Wänden lassen sich durch Bilder oder Plakate geschickt verstecken.
- Auch auf Holz- oder Kunststoffmöbeln lassen sich Flecken durch Bilder oder Abziehbilder abdecken.

Einfärben

Helle Kleidungsstücke aus Naturfasern lassen sich gut färben. Im Handel sind zahlreiche Produkte in vielen Farben erhältlich. Beim Färben sollte die auf der Packung angegebene Gebrauchsanleitung unbedingt beachtet werden, um ein möglichst gutes Ergebnis zu erzielen.

Herausschneiden

Bei Teppichböden kann man den verschmutzten Bereich sauber herausschneiden und durch ein neues Stück ersetzen. Ist der Teppichboden nicht mehr erhältlich oder hat sich die Farbe durch die Beanspruchung schon stark verändert, kann man aus einem Bereich unter einem Möbelstück ein entsprechendes Stück herausschneiden und gegen das verschmutzte austauschen. Wichtig ist dabei sauberes Arbeiten, damit die Flickstelle möglichst wenig zu erkennen ist.

Tarnen

Auf stark gemusterten Flächen kann es sein, dass Flecken mit ähnlichen Farben gar nicht auffallen. Mutige und künstlerisch Veranlagte können den Fleck auf der Fläche mehr oder weniger unregelmäßig wiederholen, um somit ein Muster zu erzeugen, das wie gewollt aussieht. Allerdings wird diese Möglichkeit nur in den wenigsten Fällen eine befriedigende Lösung sein!

Können selbst die erwähnten Methoden die weitere normale Nutzung des betroffenen Gegenstandes nicht mehr ermöglichen, bleibt einem nur übrig, die Sachen wegzuwerfen, als Lumpen zum Putzen oder Schuhe säubern zu verwenden oder Kleidungsstücke zu Garten- oder Schmutzarbeiten im Haus anzuziehen.

Tipps zur Vermeidung von Flecken

Oft lässt sich durch geringen Aufwand und vorausschauendes Handeln die Entstehung von Flecken vermeiden. Viele Flecken enstehen tatsächlich durch Unachtsamkeit, durch das, was allgemein als „Schusseligkeit" bezeichnet wird, oder weil entsprechende Vorkehrungsmaßnahmen einfach nicht ergriffen wurden. Hier einige Tipps und Ratschläge, die Ihnen helfen sollen, scheußlichen Flecken erst gar keine Chance zu geben.

Servietten verwenden

Häufig kann man beobachten, dass Servietten während des Essens ordentlich neben dem Teller liegen bleiben, ohne benutzt zu werden. Es gibt tatsächlich viele Menschen, die ungern Servietten benutzen oder meinen, sie machen sich sowieso nicht schmutzig.

Gerade wenn man jedoch gute Kleidungsstücke trägt oder unterwegs ist und nicht die Möglichkeit hat, sich schnell umzukleiden, sollte man auf keinen Fall auf den Gebrauch einer Serviette verzichten.

Übrigens kann man beim Essen die Tischdecke unauffällig so über den Schoß legen, dass sie einen zusätzlichen Schutz bietet.

Schürzen benutzen

Zugegebenermaßen sind Schürzen keine attraktiven Kleidungsstücke und haben heutzutage im Vergleich zu früher stark an Popularität verloren. Aber gerade beim Kochen und insbesondere bei der Zubereitung von roten Soßen, beim Braten von Fleisch, beim Kochen von Marmelade oder beim Mixen von Süßspeisen muss man immer damit rechnen, dass

Fett, Sahne, intensiv gefärbte Tomatensoße oder Fruchtsaft herumspritzen und unweigerlich auch Köchin oder Koch treffen. Also lieber einmal die Eitelkeit überwinden und zur Schürze greifen, denn viele Flecken lassen sich somit vermeiden!

Der richtige Fußabtreter

An der Haustür sollte auf alle Fälle ein geeigneter Fußabtreter liegen, der nicht nur wie eine Bürste wirkt, sondern durch spezielle Fasern Nässe und den größten Teil der Schmutzpartikel von den Schuhsohlen abnimmt. Für diesen Zweck sind die langflorigen Fußmatten mit gummierter Unterseite zu empfehlen. Sie sind rutschfest, trocknen schnell und sind in verschiedenen Größen und Farben erhältlich. Auf diese Weise lassen sich eine Menge Flecken auf Teppichen oder anderen Fußbodenbelägen vermeiden. Und der besondere Vorteil ist: Sie sind schnell in der Maschine gewaschen und danach sofort wieder einsatzbereit.

Unterlegen

Bei Arbeiten, die höchstwahrscheinlich oder unweigerlich Dreck erzeugen, sollten immer alte Tücher, Zeitungen oder eine großflächige Folie untergelegt werden, um eine Verschmutzung des Untergrundes oder der Arbeitsfläche zu vermeiden. Zu solchen Arbeiten gehören beispielsweise das Tapezieren und Streichen, das Reinigen von Geräten, die gefettete oder geölte Teile enthalten, das Entfernen der Asche aus dem Kamin oder das Abbeizen und Streichen von Holzmöbeln, Fenstern und Türen.

Kleidung schützen

Viele Frauen werden das Problem kennen: Sie ziehen sich ein Kleidungsstück über den Kopf, sind aber schon geschminkt und schon sind Make up, Rouge oder Lippenstift nicht mehr da, wo sie ursprünglich hingehörten, sondern finden sich in Spuren am Kragen oder am Halsausschnitt wieder. Solche Verschmutzungen lassen sich leicht vermeiden, indem man ein dünnes Tuch um den Halsausschnitt des Kleidungsstückes legt, das man daraufhin vorsichtig über den Kopf zieht. Eventuelle Abfärbungen bleiben so am Tuch haften. Diese Methode ist auch beim Anprobieren in Geschäften zu empfehlen.

Untersetzer verwenden

- Besonders auf unlackierten Holzmöbeln oder auf Oberflächen aus Natursteinen können Flüssigkeiten an Gläsern, Flaschen und anderen Gefäßen hässliche Flecken und Ränder hinterlassen, die teilweise recht schwierig zu entfernen sind. Daher lohnt es sich immer, Gläser und Flaschen auf entsprechende Untersetzer zu stellen.
- Auch Töpfe oder heiße Schüsseln können Holzoberflächen angreifen und weißliche oder gar schwarze Flecken hinterlassen. Hier sollte man ebenso für geeignete Untersetzer sorgen, die ausreichend isolieren.

Waschmaschine und Bügeleisen kontrollieren

Nicht selten kommt es vor, dass Kleidungsstücke die Waschmaschine mit merkwürdig gelblichen oder bräunlichen Flecken verlassen – meistens sind es noch dazu die weißen Hemden oder Blusen! Manchmal erscheinen solche Flecken auch plötzlich nach dem Einsprühen oder Bügeln.

Ursachen dafür können rostige Teile in der Waschmaschine, verrostete Wasserleitungen und somit braunes Wasser sein. Aber auch verkalkte oder verschmutzte Bügeleisen oder Sprühflaschen sind manchmal Schuld daran, wenn ein Fleck da auftaucht, wo vor dem Waschen keiner war. Solche Flecken sind manchmal sehr schwer bis gar nicht mehr zu entfernen. Durch regelmäßige Kontrolle der Waschmaschinentrommel und der Waschmitteleinspülkammer lässt sich aber leicht feststellen, ob irgendwo rostige Ablagerungen entstehen. Bügeleisen mit Wassertank und Sprühflaschen sollten regelmäßig gereinigt und frisch befüllt werden, damit sie nicht die Wäsche verschmutzen.

Wäscheständer sauber halten

- Gerade wer die Möglichkeit hat, seine Wäsche draußen an der frischen Luft zu trocknen, sollte vor der Benutzung Wäscheständer, -leinen oder -spinnen mit einem feuchten Lappen abwischen, besonders wenn sie längere Zeit nicht

verwendet wurden. Auch verrostete oder schmierige Metallteile von Wäscheständern oder -spinnen können Textilien verschmutzen, wenn sie beim Trocknen vom Wind dagegen geweht werden. In diesen Fällen geschieht es nicht selten, dass die frisch gewaschene Wäsche gleich wieder ein Fall für die Waschmaschine wird.
- Bei windigem Wetter müssen die Wäschestücke gut mit Klammern befestigt werden, damit sie nicht von der nächsten Böe gleich auf den Boden geweht werden.

Reste sofort wegschütten

Reste von Flüssigkeiten, die nicht mehr gebraucht werden, sollten möglichst gleich weggeschüttet werden. Dies gilt für den kalten Kaffee in der Tasse ebenso wie für die übriggebliebene Farbe im Plastikbecher oder das abgestandene Bier. Bleiben die Gefäße noch länger stehen, vergisst man möglicherweise, das in ihnen noch etwas enthalten ist, und läuft Gefahr, dass sie umfallen und hässliche Flecken verursachen. Oft schwappt dann die Flüssigkeit beim Wegräumen oder Ineinanderstapeln heraus und schon ist es um Sessel oder Teppich wieder geschehen.

Haut schützen

Nicht nur Textilien und Gegenstände sollten vor Verschmutzungen geschützt werden. Auch unsere Hände werden bei einer Reihe von Tätigkeiten verschiedenen Schmutz- und Farbstoffen ausgesetzt, wodurch die Haut unansehnlich verfärbt wird. Diese Verfärbungen lassen sich häufig nur mühsam wieder entfernen.
- Schützen Sie daher Ihre Haut vor unnötigen Verschmutzungen. Tragen Sie Handschuhe, falls es die Arbeit erlaubt und nicht hinderlich ist. Für Gartenarbeiten eignen sich spezielle Gartenhandschuhe, die stabil und reißfest sind. Bei Arbeiten mit farbintensiven Substanzen sind dagegen eher dünne Latex- oder Plastikhandschuhe zu empfehlen.
- Wem das Tragen von Handschuhen nicht möglich oder unangenehm ist, kann die Hände auch durch Eincremen mit Vaseline oder Handcreme schützen. Besonders bei Arbeiten mit Schmierfett oder Schweröl, zum Beispiel bei Reparaturarbeiten an Kraftfahrzeugen, Fahrrädern oder Maschinen,

lässt sich hinterher der ölige Schmutz viel leichter von den Händen entfernen.

Waschbare Textilien kaufen

Die Verwendung von möglichst waschbaren Textilien ist weniger eine Methode, Flecken zu vermeiden, sondern vielmehr ein Weg, die Fleckentfernung zu vereinfachen. Grundsätzlich lassen sich waschbare Textilien mit wesentlich weniger Mühe und geringerem finanziellem Aufwand reinigen. Besteht also die Möglichkeit, zwischen waschbaren und nicht waschbaren Kleidungsstücken zu wählen, sollte man den waschbaren Textilien stets den Vorzug geben.

Und hier noch einige wichtige Hinweise, bevor Sie richtig loslegen: Auch wenn es sich bei den meisten der hier verwendeten Reinigungsmittel um mehr oder weniger natürliche Substanzen handelt, die in jedem Haushalt vorrätig sind, ist deren Wirkung doch oft stark und daher nicht ungefährlich. Aus diesem Grund sollten Sie alle Reinigungsmittel außerhalb der Reichweite von Kindern aufbewahren. Vermeiden Sie bei starken Mitteln den direkten Kontakt mit Schleimhäuten und sorgen Sie bei größeren Aktionen, vor allem mit flüchtigen Substanzen, für eine ausreichende Durchlüftung. Wichtig ist auch, die jeweils auf der Packung oder der Flasche angegebenen Hinweise zur Anwendung einzelner Mittel zu beachten.

Fleckentfernung in der Praxis

MERFLUAN plus

Den Flecken zu Leibe rücken

Alphabetisch geordnet finden Sie hier die verschiedensten Flecken aufgeführt und dazu jeweils die Methode beschrieben, wie sie am besten zu entfernen sind. Obwohl bestimmte Arten von Flecken sehr häufig auftreten, hängt die Behandlung doch immer vom verschmutzten Material oder der befleckten Oberfläche ab. Häufig muss man an die gleiche Art von Fleck auf unterschiedlichen Oberflächen oder Materialien mit ganz unterschiedlichen Reinigungsmitteln herangehen. In diesen Fällen werden die einzelnen Methoden auch jeweils getrennt nach dem befleckten Material beschrieben.

Manchmal gibt es mehrere Möglichkeiten, um einen Fleck zu entfernen. In diesen Fällen kann man die Wahl der Methode davon abhängig machen, welches Mittel gerade zur Verfügung steht oder griffbereit ist, um möglichst schnell handeln zu können.

Wird im Text von Seifenlauge gesprochen, ist damit eine Lauge mit normalem Waschmittel gemeint. Ideal sind flüssige Waschmittel, da man manchmal kalte oder lauwarme Seifenlauge benötigt und Flüssigwaschmittel sich auch bei niedrigeren Temperaturen gut im Wasser lösen. Wie bereits erwähnt, sollten alle waschbaren Textilien nach der Fleckbehandlung wie gewohnt in der Waschmaschine gewaschen werden.

Bei den folgenden Anleitungen wird vorausgesetzt, dass die in den ersten Kapiteln beschriebenen Grundregeln und Methoden der Fleckentfernung bekannt sind und auch angewendet werden. Lesen Sie daher auf alle Fälle die vorangegangenen Kapitel, bevor Sie den Flecken zu Leibe rücken. Bei geänderten Vorgehensweisen oder speziellen Methoden wird die praktische Durchführung genauer geschildert.

Sollten Sie in der folgenden Auflistung eine Fleckenart nicht finden, wählen Sie eine Behandlungsmethode für eine ähnliche Verschmutzung. So ähneln sich beispielsweise die meisten Methoden zur Entfernung von fetthaltigen Flecken, wogegen die Behandlung eiweißhaltiger Flecken nach einem jeweils anderen Prinzip erfolgt.

Flecken von A bis Z

A

Abziehbilder siehe **Aufkleber**

Ahornsirup siehe **Honig**

Alleskleber

→ Aus *Textilien* lässt sich Alleskleber mit Aceton oder Nagellackentferner herauslösen. Ein sauberes Läppchen mit der Flüssigkeit tränken und den Fleck damit betupfen. Nicht bei Kunstfasern anwenden. Anschließend normal waschen.

Asphalt siehe **Teer**

Aufkleber

→ Um Aufkleber oder Preisetiketten von *Glas oder Porzellan* zu entfernen, hält man die Stelle, auf dem das Etikett klebt, einige Sekunden unter heißes Wasser oder lässt sie ei-

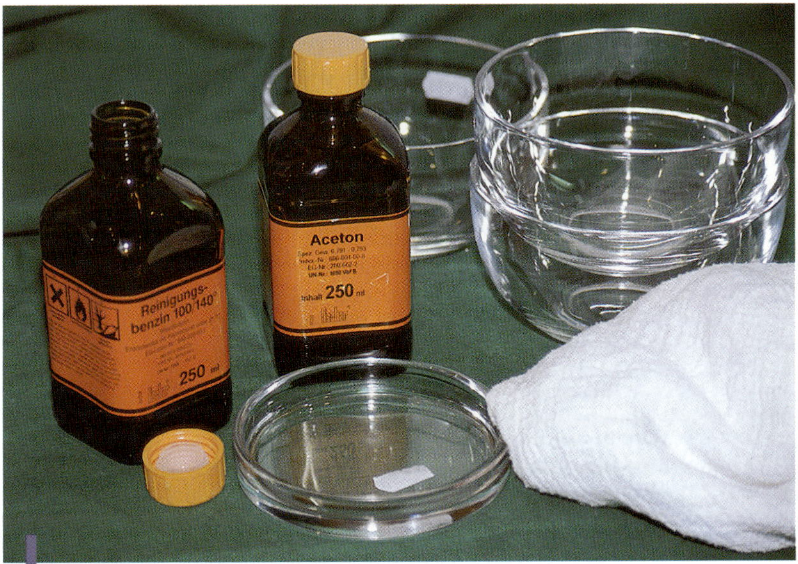

Klebstoffreste von Etiketten lassen sich von Glas oder Porzellan mit Aceton oder Waschbenzin entfernen.

Entfernt man Aufkleber oder Etiketten von Büchern, sollte man darauf achten, nicht zu viel von der Reinigungsflüssigkeit zu verwenden, da sonst das Material eventuell aufweicht und sich wellt. Bei Kunststoffflächen sollte man das Mittel zuerst an einer verdeckten Stelle ausprobieren, um zu prüfen, ob die Oberfläche nicht angegriffen wird.

nige Zeit in Wasser einweichen. Meistens lassen sich dann die Aufkleber in einem Stück abziehen.
→ Reste von Abziehbildern oder Preisetiketten lassen sich von *glatten Oberflächen* mit Nagellackentferner, Aceton oder Waschbenzin entfernen.
→ Bei *Büchern* mit Schutzumschlägen, die eine glatte Oberfläche besitzen, lassen sich Klebstoffreste von Preisschildern vorsichtig mit Isopropanol oder Waschbenzin entfernen.

Augenbrauenstift
→ Flecken auf *Textilien* mit Waschbenzin vorbehandeln. Anschließend mit Seifenlauge auswaschen.
→ Die Flecken lassen sich statt mit Waschbenzin auch mit Spiritus vorbehandeln, werden dabei jedoch nicht ganz so schnell gelöst.

B

Babynahrung
→ *Waschbare Textilien* vor der Wäsche etwa eine Stunde in Seifenlauge einweichen. Flecken, die nach der Wäsche noch vorhanden sind, mit Zitronensaft beträufeln und in der Sonne bleichen. Den Vorgang bei Bedarf mehrfach wiederholen.
→ In *Teppichen*, *Polstermöbeln* und *nicht waschbaren Geweben* die Flecken mit Seifenlauge behandeln und mit klarem Wasser nachreinigen. Zwischendurch die Flüssigkeit immer wieder mit Tüchern aufsaugen. Nach dem Trocknen eventuell vorhandene Restflecken mit Fleckenwasser behandeln.

Batteriesäure siehe **Säure**

Beize
→ Beizeflecken auf *Teppichen* oder *Polstermöbeln* mit einer so genannten Lacklösepaste auf Lösemittelbasis behandeln, die es im Farbengeschäft gibt. Keine ätzenden Produkte verwenden, die zusammen mit Wasser eine starke Lauge bilden, da sie die Fasern schädigen würden (siehe Packungsaufschrift). Auf alle Fälle zuerst an einer unauffälligen Stelle aus-

probieren. Eine mehrstündige Einwirkzeit kann erforderlich sein.
→ *Textilien* mit Verdünner oder Pinselreiniger vorbehandeln. Anschließend normal waschen.

Bier
→ *Textilien* mit Essigwasser oder Mineralwasser, zumindest aber mit viel kaltem Wasser auswaschen. Danach in lauwarmem Wasser ausspülen. Den Fleck mit Gallseife einreiben, 30 Minuten einwirken lassen und wie gewohnt waschen.
→ Flecken auf *Teppichen* und *Polstermöbeln* mit lauwarmem Wasser oder Feinwaschlauge vorsichtig ausreiben. Zwischendurch die Flüssigkeit immer wieder mit sauberen Lappen aufsaugen.
→ Alte und eingetrocknete Flecken mit Spiritus entfernen.

Bei Bierflecken gilt: Nicht austrocknen lassen! Wird mit Gallseife gearbeitet, soll man diese zwar einwirken lassen, das Gewebe darf dabei jedoch nicht vollständig eintrocknen.

Blaubeeren
→ Bei Flecken von Blaubeeren, aber auch von Brombeeren oder Schwarzen Johannisbeeren die *Textilien* in saurer Milch einlegen.

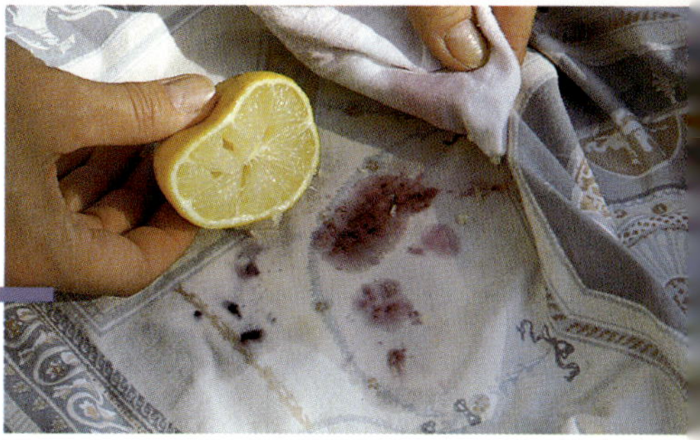

Eingetrocknete Flecken von farbintensiven Beeren werden zunächst mit Glyzerin aufgeweicht und anschließend mit Zitronensaft behandelt.

Blaufärbungen durch Beeren an Lippen und Mundschleimhäuten lassen sich übrigens leicht durch Zitronensaft entfernen.

Anschließend mit Wasser ausspülen und wie gewohnt waschen.
→ Alternativ den Fleck mit Zitronensaft vorbehandeln und anschließend wie gewohnt waschen.
→ Alte Flecken zuerst mit Glyzerin aufweichen. Das Glyzerin etwa eine Stunde einwirken lassen. Dann mit Zitronensaft behandeln und wie gewohnt waschen.

Bleichmittel
→ Sind Bleichmittel unbeabsichtigt auf *Textilien* geraten, sollte man diese sofort in reichlich klarem Wasser ausspülen. Hat bereits eine Entfärbung eingesetzt, ist daran leider nichts mehr zu ändern. Ein gründliches Ausspülen in Wasser kann den Vorgang zwar stoppen, die entfärbten Stellen jedoch nicht mehr retten.

Bleistift
→ Bleistiftstriche von *glatten Oberflächen* lassen sich mit milder Seifenlauge, Waschbenzin oder Spiritus leicht entfernen.
→ Bei *rauen Oberflächen* wie Holz, Tapeten oder Wandfarben werden sie am besten mit einem weichen, sauberen Radiergummi vorsichtig wegradiert.
→ Bei *Textilien* oder *Polstermöbeln* zunächst versuchen, die Flecken wegzuradieren. Danach mit Gallseife oder Salmiakgeist vorbehandeln und anschließend warm waschen.

Blut
→ Frische Blutflecken in *Textilien* lassen sich normalerweise unter fließend kaltem Wasser vollständig auswaschen. Sind die Flecken nicht ganz verschwunden, eine Handvoll Salz in einem Eimer Wasser lösen und darin die Kleidungsstücke mindestens 15 Minuten einweichen. Anschließend wie gewohnt mit einem enzymhaltigen Waschmittel waschen.
→ Eingetrocknete Blutflecken kann man in Wasserstoffperoxid, dem etwas Salmiakgeist zugesetzt wurde, einweichen. Anschließend wie gewohnt waschen.

Werden Blutflecken nicht rechtzeitig entdeckt und durch heißes Waschen oder Bügeln im Stoff fixiert, verfärben sie sich braun. Da Blut Eisen enthält, haben alte Blutflecken dieselben Eigenschaften wie Rostflecken und müssen auch wie solche behandelt werden (siehe Rost).

→ Bei *Teppichen* und *Polstermöbeln*, bei denen keine großen Mengen Wasser verwendet werden können, die Flecken mit einer kalten oder lauwarmen Seifenlauge entfernen.

Blütenstaub

→ Intensiv gefärbter Blütenstaub – auch Safran zählt dazu – hinterlässt auf *Textilien* Flecken, die häufig nur äußerst schwer oder gar nicht zu entfernen sind.

Zunächst so viel wie möglich abschütteln oder absaugen. Danach den Fleck vorsichtig mit Spiritus behandeln und mit warmem Wasser nachreinigen. Anschließend wie gewohnt waschen.

→ Flecken auf *gestrichenen Wänden* oder *Tapeten* mit einem Stück Weißbrot ohne Kruste oder einem Radiergummi abreiben.

Der Blütenstaub von Lilien verursacht hartnäckige, farbintensive Flecken. Zunächst muss so viel wie möglich abgesaugt werden. Anschließend werden die Restflecken mit Spiritus behandelt.

Bohnerwachs
→ Bei *Textilien* die betroffenen Stellen zwischen zwei Lagen Löschpapier oder Küchenkrepp legen und so lange heiß überbügeln, bis so viel wie möglich von dem Fett herausgelöst wurde. Den Fleck anschließend mit Waschbenzin und danach mit Fleckenwasser behandeln.

Bonbon siehe **Zucker**

Bowle
→ Bowleflecken auf *waschbaren Textilien* sollten sofort mit warmer Seifenlauge ausgewaschen werden.
→ *Nicht waschbare Textilien* werden am besten mit verdünntem Salmiakgeist behandelt.

Brandflecken
Leichte Brand- oder Sengflecken lassen sich manchmal entfernen, wenn noch kein richtiges Loch in das Material eingebrannt ist.
→ Auf *Holzflächen* den Fleck mit Verdünner abreiben und dann mit sehr feinem Sandpapier oder feiner Stahlwolle vorsichtig abschleifen. Dann abhängig von der Oberflächenbearbeitung des Holzes die Stelle mit Möbelpolitur, Farbe, Beize oder Lack ausbessern. Bei poliertem Naturholz mit Leinöl einreiben und nach einem Tag polieren.
→ Leichte Brandflecken auf *Kunststoff*- oder *Fiberglasflächen* mit Scheuerpulver entfernen und mit Autopolitur wieder glatt polieren.
→ Um Brandflecken aus *Teppich* und *Polstermöbeln* zu entfernen, gibt es verschieden Möglichkeiten:

- Mit Wasserstoffperoxid und einigen Tropfen Salmiakgeist behandeln, mit Wasser nachreinigen und trocken tupfen.
- Bei stärkeren Brandflecken die verkohlten Fasern mit feiner Stahlwolle entfernen. Dann mit Seifenlauge behandeln und mit Wasser nachreinigen.
- Ein altes Hausmittel: 250 ml Essigessenz, 50 g Talkum und zwei grob gehackte Zwiebeln zusammen aufkochen. Die Masse auf dem Fleck verteilen, trocknen lassen und abbürsten.

→ Leichte Brandflecken auf *waschbarenTextilien* vor dem Waschen mit Gallseife behandeln und mit Chlorbleiche heiß waschen. Gewebe, die Chlorbleiche nicht vertragen, vor dem

Waschen mit Wasserstoffperoxid und Salmiakgeist behandeln.
→ Bei *nicht waschbarem Gewebe* den Fleck mit Glyzerin beträufeln, einwirken lassen und mit warmem Wasser abwischen.

Bratensoße
Frische Flecken auf *Textilien* sofort mit flüssigem Waschmittel beträufeln und mit warmem Wasser auswaschen.

Bräunungsmittel
→ Hautbräunungsmittel sind aus *Textilien* nur sehr schwer zu entfernen. Falls das Gewebe dafür geeignet ist, einige Zeit in verdünnter Chlorbleichelösung einweichen, anschließend wie gewohnt waschen.
→ Bei *empfindlicherem Gewebe* eine Behandlung mit Wasserstoffperoxid versuchen.
→ Sobald eine Braunfärbung eingesetzt hat, lassen sich diese Mittel von der *Haut* nur noch durch mechanische Methoden entfernen, beispielsweise durch das Abreiben mit Bimsstein.

Brombeeren siehe **Blaubeeren**

Brühe
→ Die Flecken mit Waschbenzin vorbehandeln und anschließend mit Seifenlauge auswaschen.

Buntstifte
→ Flecken in *Textilien* mit Spiritus vorbehandeln. Anschließend wie gewohnt waschen.
→ Auf *Teppichen* und *Polstermöbeln* die Flecken mit Spiritus behandeln und mit Fleckenwasser nachreinigen.

Butter
→ Butter- oder Margarineflecken in *Textilien* mit flüssigem Waschmittel oder Spüli beträufeln und anschließend mit warmem Wasser auswaschen. Auch eine Vorbehandlung mit Gallseife ist möglich.
→ Flecken auf *Teppichen* oder *Polstermöbeln* mit einem mit Waschbenzin oder Fleckenwasser getränkten Lappen behandeln.

Cocktails siehe **Spirituosen**

Cola

→ Frische Colaflecken lassen sich aus *Textilien* in der Regel durch normales Waschen entfernen.
→ Alte, eingetrocknete Flecken sollten vor der Wäsche mit enzymhaltigem Waschmittel eingeweicht werden.
→ *Wolle* darf nicht mit Enzymen behandelt werden. Daher werden Colaflecken auf Wolle mit Mineralwasser herausgewaschen.

Creme

→ Den Fleck zunächst mit Spiritus behandeln. Fettige Restflecken mit Fleckenwasser entfernen.
→ *Waschbare Textilien* anschließend wie gewohnt waschen.

Curry

Curryflecken gehören zu den am schwierigsten zu entfernenden Flecken.
→ Flecken in *Textilien* sofort mit lauwarmem Wasser ausspülen. Danach mit Glyzerin behandeln und eine halbe Stunde einwirken lassen. Anschließend ausspülen und wie

Flecken von Curry und Safran gehören zu den am schwierigsten zu entfernenden Verschmutzungen.

gewohnt waschen. Restflecken mit Wasserstoffperoxid bleichen.

→ Aus *Teppichen* und *Polstermöbeln* kann man versuchen, den Fleck mit Wäscheborax oder speziellen Teppich- beziehungsweise Polstershampoos oder Fleckenpasten zu entfernen.

D

Druckerschwärze siehe **Kohlepapier**

Dosenmilch siehe **Milch**

E

Ei

→ Eiflecken auf *Teppichen* oder *Polstermöbeln* mit lauwarmer Seifenlauge behandeln, der einige Tropfen Salmiakgeist zugesetzt wurden.

Eiflecken werden zunächst mit kaltem Wasser und anschließend mit Seifenlauge behandelt.

Eiflecken darf man niemals mit heißem Wasser behandeln, da das Eiweiß sonst gerinnt und anschließend nur schwer oder gar nicht mehr entfernt werden kann.

→ Bei *Textilien* als schnelle erste Hilfe die Flecken mit feuchtem Salz oder Essigwasser entfernen. Ansonsten 30 Minuten in lauwarmer Seifenlauge einweichen. Fetthaltige Restflecken mit Fleckenwasser behandeln.

Eierfarbe siehe **Farbstoff**

Eigelb
→ Den Fleck mit viel Salz bestreuen und trocknen lassen. Anschließend gut ausbürsten und mit kaltem Wasser abtupfen. *Waschbare Textilien* nach der Behandlung wie gewohnt waschen.

Eiklar
Eiklarflecken nie mit heißem Wasser behandeln! Der Fleck sollte auch nicht antrocknen. Gegebenenfalls muss man ihn bis zur Behandlung mit einem feuchten Lappen bedecken.
→ *Textilien* zuerst mit viel kaltem Wasser ausspülen, anschließend wie gewohnt waschen.
→ *Teppiche* und *Polstermöbel* mit kaltem Salzwasser reinigen.

Eiscreme
→ Eiscremeflecken in *Textilien* sofort mit viel kaltem Wasser auswaschen. Anschließend wie gewohnt, aber nicht zu heiß waschen. Bei Bedarf vor der Wäsche 30 Minuten in enzymhaltigem Waschmittel einweichen.
→ *Teppiche*, *Polstermöbel* und *nicht waschbare Textilien* mit etwas Seifenlauge und Salmiakgeist behandeln und mit warmem Wasser nachreinigen. Restflecken mit Fleckenwasser entfernen.

Eiter
→ Eiter enthält viel Eiweiß (Protein). Daher Eiterflecken aus *Textilien* zunächst mit viel kaltem Wasser ausspülen. Anschließend mit enzymhaltigem Waschmittel waschen, damit sich das Eiweiß löst.
→ Eingetrocknete Flecken in Salmiakgeistlösung einweichen. Anschließend mit enzymhaltigem Waschmittel waschen.

Emulsionsfarbe

→ Frische Farbe auf *Textilien* sofort aufsaugen und mit kaltem Wasser auswaschen.
→ Angetrocknete Farbflecken mit Spiritus oder Verdünner behandeln.

Erbrochenes

→ Flecken auf *Teppichen* und *Polstermöbeln* mit lauwarmer Seifenlauge oder Wäscheboraxlösung behandeln. Restflecken mit Fleckenwasser entfernen.
→ Katzen und Hunde übergeben sich manchmal im Haus, wobei häufig nur Magensäfte mit Haaren oder Knochenstücken ausgewürgt werden. Die dadurch entstehenden gelblichen Flecken lassen sich aus *Teppichen* und *Polstermöbeln* gut mit Oranexlösung entfernen. Mit einer weichen Bürste oder einem Fleckenläppchen die Oberfläche gründlich abreiben.
→ Auch alte, eingetrocknete Flecken lassen sich auf diese Weise behandeln.
→ *Textilien* in reichlich kaltem Wasser ausspülen. Anschließend in 1 Liter Wasser mit 1 Teelöffel Waschmittel und 2 Esslöffel Salmiakgeist einweichen, mit kaltem Wasser ausspülen und nach der Behandlung mit enzymhaltigem Waschmittel waschen.

Restflecken von Erbrochenem von Haustieren lassen sich gut mit Oranexlösung entfernen.

Etiketten siehe **Abziehbilder**

F

Farbbänder siehe **Kohlepapier**

Farbe
→ Farbflecken oder -spritzer auf *Fensterscheiben* lassen sich entweder mit einer Rasierklinge abschaben oder mit einem mit Essig getränkten Lappen abwischen.
→ Farb- und Lackflecken auf *glatten Kunststoffflächen* werden am besten mit Terpentinersatz entfernt.

Farbstoff, gelber
→ Zuerst mit Fleckenwasser behandeln, bis keine Farbe mehr abgegeben wird. Anschließend mit einer Mischung aus gleichen Teilen Wasser und Spiritus reinigen, der einige Tropfen Essig zugesetzt wurde. *Waschbare Textilien* nach der Behandlung wie gewohnt waschen.

Farbstoff, roter
→ Zuerst mit Fleckenwasser behandeln, bis keine Farbe mehr abgegeben wird. Anschließend mit lauwarmer Seifen-

Farb- und Lackflecken werden am besten mit Terpentinersatz entfernt.

lauge reinigen, der Salmiakgeist zugesetzt wurde (2 Esslöffel Salmiakgeist auf 1/4 Liter Seifenlauge) oder, wenn möglich, die *Textilien* in der Lösung 20 Minuten einweichen. Nach der Behandlung gründlich ausspülen.

→ Mögliche Restflecken mit Bleiche oder Entfärber behandeln, wenn es das Material zulässt.

Fett

→ Frische Fettflecken auf *Leder* mit etwas geschlagenem Eiklar abreiben.

→ Alte Fettflecken auf *Leder* mit einer Mischung aus lauwarmem Wasser und einigen Tropfen Essig abreiben.

→ Fettflecken auf *Holzoberflächen* mit Essig entfernen. Anschließend die ganze Oberfläche mit erwärmter, verdünnter Essiglösung abreiben.

→ Für Fettflecken auf mattem oder *Milchglas* etwas angewärmten Essig und Salz auf einen weichen Lappen geben und die Flecken damit abreiben.

Um Fettflecken aus Textilien zu entfernen, reicht es oft aus, den Fleck vor der Wäsche einfach mit etwas flüssigem Waschmittel zu beträufeln.

Öl- oder Fettflecken werden mit Talkum bestreut, damit das Fett aus dem Gewebe gesogen wird.

Spinnrad
DIE DROGERIE
Glycerin
85% ig
100 ml

Fetthaltige Flecken auf Teppichen werden zunächst mit Glyzerin aufgeweicht. Nachdem so viel wie möglich von dem Material abgenommen wurde (linke Seite), wird der Fleck angefeuchtet und mit Gallseife eingeschäumt (oben und rechts).

Fettflecken auf Papier werden mit Talkum bestreut, um das Fett aufzusaugen. Restflecken können vorsichtig mit wenig Waschbenzin entfernt werden.

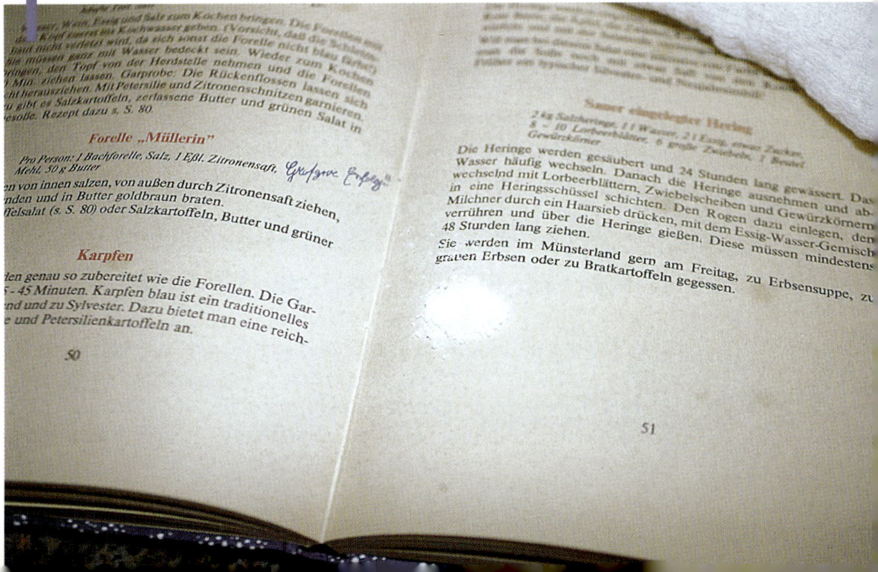

→ Fettflecken auf *Papier* mit einem mit Waschbenzin getränkten Wattebausch abtupfen oder erwärmtes Stärkemehl auf die Flecken streuen, eintrocknen lassen und vorsichtig abbürsten.

→ Fettflecken auf *Teppichen* und *Polstermöbeln*:

- Die Flecken dick mit Talkum oder Stärkemehl bestreuen und nach etwa 10 Minuten mit einem Tuch aufnehmen, den Rest wegbürsten. Bei Bedarf den Vorgang wiederholen.
- Mit Waschbenzin oder Spiritus vorsichtig ausreiben.
- Mit Glyzerin aufweichen und mit Gallseife behandeln.

→ Bei Fettflecken an *Tapeten* ein Löschblatt auflegen und den Fleck mit einem warmen Bügeleisen herausbügeln.

→ Für die Entfernung von Fettflecken aus *Textilien* gibt es verschiedene Möglichkeiten:

- Einen Brei aus Stärkemehl und Wasser auftragen, trocknen lassen und ausbürsten.
- Mit Talkum bestreuen, einwirken lassen und ausbürsten. Anschließend mit Schmierseife oder Gallseife vorbehandeln und wie gewohnt waschen.
- Alte Fettflecken mit Waschbenzin vorbehandeln und anschließend warm waschen.
- Aus Wollsachen Fettflecken mit Mineralwasser auswaschen. In hartnäckigen Fällen mit Waschbenzin vorbehandeln und mit Wollwaschmittel waschen.

Filzstift

Filzstift- oder Folienschreiberflecken sind, je nach Farbe und Fabrikat, zum Teil sehr schwer zu entfernen. Während sich rote und violette Farbstoffe noch relativ leicht entfernen lassen, können grüne und schwarze Farbflecken nur mit viel Geduld aus dem Gewebe herausgelöst werden. Manche Farbflecken sind überhaupt nicht mehr zu entfernen. Verläuft die Farbe während der Behandlung, ist das ein Zeichen dafür, dass sie sich aus dem Gewebe löst.

→ Manche Farbstoffe lassen sich mit acetonfreiem Nagellackentferner herauslösen.

→ *Textilien* immer mit einem sauberen, saugfähigen Lappen unterlegen. Den Fleck wiederholt mit reichlich Spiritus oder Isopropanol betupfen. Zwischendurch kurz einwirken lassen. Den Vorgang mehrmals wiederholen. Restflecken mit Wasserstoffperoxid behandeln. Bei entsprechender Wirkung sollten sie nach einigen Minuten verschwunden sein. Nach der

Flecken von Filz- und Folienschreibern müssen je nach Art und Farbe mit verschiedenen Lösungsmitteln entfernt werden.

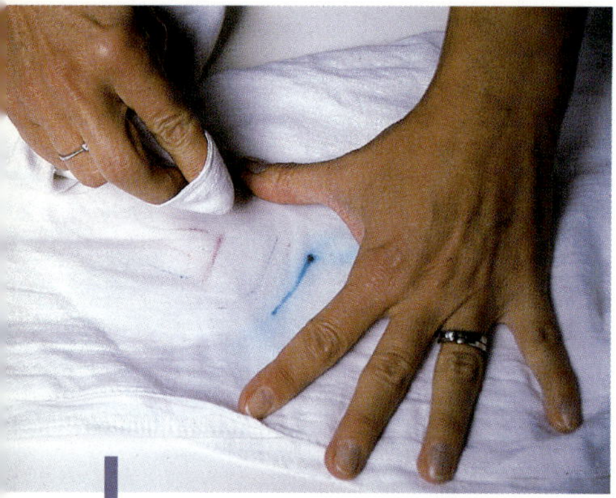

Nicht erschrecken, wenn die Farbe während der Behandlung verläuft – sie löst sich nach und nach aus dem Gewebe.

Behandlung wie gewohnt waschen.

→ Von *glatten Kunststoffoberflächen*, beispielsweise Diakästen oder Plastikdosen, lässt sich Folienschreiber mit Aceton leicht entfernen.

→ Sollte der Kunststoff von Aceton angegriffen werden, was man am besten vor der Behandlung an einer verdeckten Stelle vorsichtig testet, kann man auch Isopropanol oder einen acetonfreien Nagellackentferner verwenden. Die Farbe löst sich damit zwar nicht ganz so schnell, lässt sich aber trotzdem entfernen.

Folienschreiber siehe **Filzstift**

Fruchtsaft siehe **Obstsaft**

G

Gemüse

→ Gemüseflecken aus *Textilien* mit reichlich kaltem Wasser auswaschen. Anschließend mit Gallseife vorbehandeln und wie gewohnt waschen.

→ *Teppiche*, *Polstermöbel* und *nicht waschbare Textilien* mit Seifenlauge unter Zusatz von einigen Tropfen Essig behandeln. Restflecken mit Fleckenwasser entfernen.

Gewürzsoße

→ Den frischen Fleck sofort mit viel kaltem Wasser ausspülen. Anschließend mit Salmiakgeist behandeln, kurz einwirken lassen und erneut ausspülen. *Waschbare Textilien* nach der Behandlung wie gewohnt waschen.

Gips

→ Verschmutzungen durch Gips am besten erst vollständig durchtrocknen lassen, zerbröckeln und vom Gewebe vorsichtig abkratzen.

→ *Waschbare Textilien* anschließend wie gewohnt waschen.

→ *Nicht waschbare Gewebe* mit Seifenlauge behandeln.

Glanzstellen

→ Glänzende Stellen auf *Textilien* oder *Polstern* mit der Schnittfläche einer halbierten rohen Kartoffel abreiben. An der Luft trocknen lassen und anschließend mit einer Kleiderbürste gründlich ausbürsten.

Gras

→ Grasflecken auf *Textilien* vor dem Waschen mit Gallseife einreiben oder mit Spiritus behandeln. Bei hartnäckigen Flecken das Gewebe mit Wasserstoffperoxid oder, abhängig vom Material, mit anderen Bleichmitteln behandeln.
→ Bei *empfindlichen Stoffen* die Flecken mit Butter oder Glyzerin einreiben und nach 15 Minuten mit Seifenlauge auswaschen.
→ *Weniger empfindliche Textilien* wie Jeans oder Baumwollhosen vor dem Waschen kräftig mit Schmierseife einreiben. Besonders zu empfehlen ist diese Methode für Kleidung von Kindern, die viel draußen herumtollen.
→ Alte Grasflecken vor der Behandlung am besten mit Glyzerin aufweichen.

Grasflecken werden vor dem Waschen kräftig mit Gallseife eingerieben.

Grünspan

→ Grünspanflecken in *Textilien* mit Essig behandeln. Anschließend in warmer Waschmittellauge auswaschen.

→ Gegenstände aus *Kupfer* oder *Messing* mit einer Mischung aus 1/4 l Salmiakgeist, 1/4 l Wasser und 2 Esslöffeln Salz abreiben. Anschließend mit Wasser spülen und trockenpolieren.

H

Haarfarbe

Bei Haarfärbemitteln unterscheidet man zwischen Tönungen, Intensivtönungen und Haarfarbe. Zum Schutz von Wäsche und Haut sollte bei der Anwendung dieser Mittel immer ein Handtuch um die Schultern gelegt werden. Idealerweise verwendet man dafür ein dunkles, altes Handtuch, falls sich die Flecken nicht ganz entfernen lassen.

→ Flecken von Tönungen und Intensivtönungen kann man normalerweise aus *Textilien* problemlos herauswaschen. Verschmutzte Handtücher und Wäschestücke werden einfach sofort nach Gebrauch möglichst heiß gewaschen.

→ Haarfarbe kann nur vollständig entfernt werden, wenn man sehr schnell handelt. Der Fleck sollte sofort mit möglichst viel Wasser ausgespült werden, damit der Entwicklungsprozess unterbrochen wird, bei dem sich die intensiv gefärbten Pigmente bilden. Anschließend sollte man versuchen,

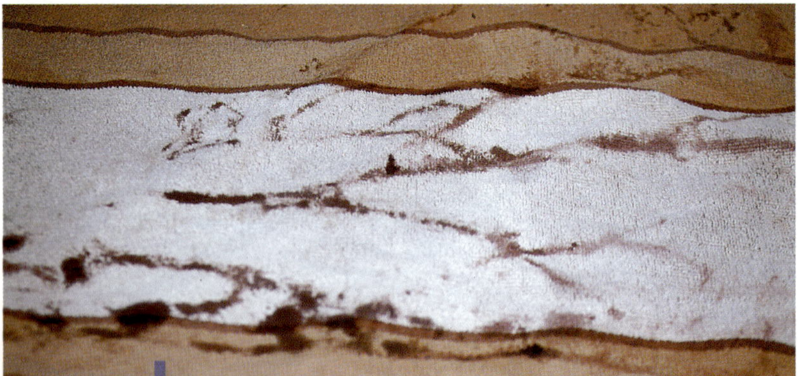

Ein durch Intensiv-Haartönung verschmutztes Handtuch vor der Wäsche. In der Regel lassen sich solche Flecken durch normales Waschen bei 60 °C entfernen.

einen schon entstandenen Fleck mit Seife oder Spüli auszuwaschen.

→ Friseure verwenden häufig zur Beseitigung von Flecken durch dunkle Haarfarbe Blondierungsmittel. Dadurch wird der Fleck entfärbt.

→ Bei *weißen* und *farbechten Geweben* kann man alternativ versuchen, die Flecken mit Wasserstoffperoxid zu bleichen.

→ Als letzte Möglichkeit die Textilien mit Entfärber behandeln.

→ Helle Flecken durch Blondierungs- und Bleichmittel auf *dunklen Geweben* lassen sich nicht beseitigen, da eine Entfärbung nicht rückgängig zu machen ist.

Nach dem Haarefärben kann es vorkommen, dass am Haaransatz oder anderen Hautstellen dunkle Verfärbungen auftreten, die sich nicht einfach abwaschen lassen. Man kann sie aber mit sauberer Asche abreiben, die man auf den angefeuchteten Finger gibt.

Haarspray

→ Haarsprayflecken auf *glatten Oberflächen* wie Spiegeln, Badezimmermöbeln oder Türen mit einem mit Isopropanol getränkten Lappen entfernen.

Harz

Zunächst möglichst viel Harz mechanisch entfernen.

→ Harzflecken auf *Textilien* anschließend mit Fleckenwasser oder Waschbenzin lösen. Nach der Behandlung wie gewohnt waschen.

→ Harzflecken auf der *Haut* kleben sehr stark. Sie lassen sich jedoch mit Nagellackentferner oder speziellen Handwaschpasten entfernen.

Himbeeren

→ Himbeerflecken auf *Textilien* mit Zitronensaft beträufeln und abtupfen. Den Vorgang mehrmals wiederholen. Anschließend mit warmer Seifenlauge auswaschen.

Holzlasur

→ Holzlasur mit Verdünner oder Terpentinersatz entfernen. Dazu einen saugfähigen Lappen unterlegen und den Fleck mit dem Lösungsmittel betupfen. Den Vorgang mehrfach wiederholen. Anschließend *waschbare Textilien* wie gewohnt waschen.

Honig

→ So viel Honig wie möglich vom Gewebe abkratzen. Anschließend mit viel warmem Wasser ausspülen, bis nichts mehr klebt.

→ Eingetrocknete Flecken zuvor in warmem Wasser einweichen. Anschließend mit Gallseife behandeln und wie gewohnt waschen.

J

Jodtinktur

→ In 1/4 Liter Wasser 1 Teelöffel Entfärber lösen und den Fleck damit behandeln. Anschließend wie gewohnt waschen.

Jogurt

→ Jogurtflecken in *Textilien* antrocknen lassen und anschließend gründlich ausbürsten. Den Restfleck mit reichlich lauwarmem Wasser auswaschen.

Johannisbeeren, Rote

→ Den Fleck in *Textilien* mit Zitronensaft beträufeln und abtupfen. Den Vorgang mehrmals wiederholen. Anschließend wie gewohnt waschen.

Johannisbeeren, Schwarze siehe **Blaubeeren**

K

Kaffee

→ Um Kaffeeablagerungen in *Kaffeekannen* zu entfernen, einen Esslöffel Backpulver in die Kanne geben, mit heißem Wasser übergießen und eine Stunde einwirken lassen. Zwischendurch mehrmals gut umschütteln. Anschließend gut ausspülen.

Alternativ die Ablagerungen mit Salz einreiben und heiß abspülen.

→ Frische Flecken in *Textilien* mit reichlich Wasser ausspülen. Bei Kaffee ohne Milch die Stelle mit heißem Wasser auswaschen. Vor der Wäsche die Flecken mit Gallseife behandeln. Kaffee mit Milch siehe Milchkaffee.

Kaffeeflecken darf man nicht mit Salmiakgeist behandeln, da sie so im Gewebe fixiert werden.

→ Alte Kaffeeflecken mit Glyzerin aufweichen. Anschließend mit Talkum oder Stärkemehl bestreuen und ohne Seifenzusatz mit lauwarmem Wasser auswaschen.

Bei hartem Wasser müssen Kaffeemaschinen häufig entkalkt werden.

→ Auf *Teppichen* oder *Polstermöbeln* mit lauwarmer Seifenlauge entfernen. Eingetrocknete Flecken mit Glyzerin aufweichen, anschließend wie frische behandeln. Fettreste mit Fleckenwasser entfernen.

Kajalstift

→ Flecken von Kajalstift mit einem mit Waschbenzin getränkten Läppchen vorsichtig ausreiben.

Kakao

→ Kakaoflecken aus *Textilien* möglichst frisch mit lauwarmem Wasser ausspülen. Anschließend wie gewohnt waschen.

→ Angetrocknete Flecken auf Textilien in heißer Milch einweichen. Nach der Behandlung wie gewohnt mit enzymhaltigem Waschmittel waschen.

→ Bei Kakaoflecken auf *Teppichen* oder *Polstermöbeln* zunächst möglichst viel Flüssigkeit mit einem Lappen aufsaugen. Anschließend vorsichtig mit lauwarmer Seifenlauge auswaschen und mit klarem Wasser nachreinigen.

Kakaoflecken lassen sich durch Einweichen in heiße Milch entfernen.

Kalk

→ Verkalkte und bemooste *Blumentöpfe* mit einer Mischung aus 1/4 Liter Wasser, 1/4 Liter Essig und 2 Esslöffeln Salz kräftig abbürsten. Anschließend mit viel heißem Wasser ausspülen.

→ *Edelstahlspülen* mit Mineralwasser oder Backpulver oder bei starken Verkalkungen mit Essigessenz oder Spiritus abreiben. Danach mit Wasser abspülen.

→ *Edelstahltöpfe* werden innen wieder schön blank, wenn man darin Marmelade oder Kompott kocht. Die Fruchtsäure löst die hartnäckigen Kalkflecken.

→ Verkalkte Töpfe kann man auch reinigen, indem man Essig oder Rhabarber (danach nicht mehr verzehren!) darin aufkocht.

Vermooste und verkalkte Blumentöpfe werden durch Abschrubben mit einer Essig-Salz-Lösung wieder schön sauber.

Kaugummi lässt sich nach Vereisen leicht von Textilien oder Teppichen ablösen.

Kaugummi

→ *Textilien* mit Kaugummiflecken für eine Stunde ins Gefrierfach legen. Danach lässt sich der Kaumgummi zerbröckeln und fast vollständig entfernen. Restflecken mit Waschbenzin entfernen.

→ Bei *Teppichen* oder *Polstermöbeln* oder Textilien, die nicht ins Gefrierfach passen, den Kaugummifleck durch Auflegen von Eiswürfeln oder mit Vereisungsspray kühlen. Anschließend den Kaugummi ablösen und die Reste mit Waschbenzin entfernen.

→ Kaugummi, der in die *Haare* gerät, lässt sich natürlich nicht mit der Vereisungsmethode behandeln. Vielmehr muss man ihn aufweichen und geschmeidig machen. Dies gelingt mit Erdnussbutter. Den so aufgeweichten Kaugummi mit einem Tuch aus den Haaren entfernen und anschließend die Haare sofort mit Shampoo waschen.

Kerzenwachs siehe **Wachs**

Ketschup

→ Aus *Textilien* den Fleck zuerst mit viel kaltem Wasser ausspülen. Anschließend mit Gallseife vorbehandeln und, falls möglich, mit enzymhaltigem Waschmittel waschen. Restflecken mit Essig behandeln.

→ Eingetrocknete Flecken zuerst mit Glyzerin aufweichen und anschließend wie frische behandeln.

→ *Teppiche* und *Polstermöbel* zuerst mit klarem, kaltem Wasser behandeln, trocknen lassen und Restflecken mit Fleckenwasser entfernen. Hartnäckige Flecken mit Essig behandeln und mit Wasser nachreinigen.

Kirschen

→ Die befleckten *Textilien* in Seifenlauge einweichen. Anschließend kurz in Milch legen, bis die Flecken verschwunden sind. Nach der Behandlung wie gewohnt waschen.

Klebestreifen

→ Hässliche Klebstoffreste von Tesafilm oder anderen Klebestreifen mit Waschbenzin entfernen.

Klebstoff

→ Angetrockneter Klebstoff lässt sich von *harten Oberflächen* mit einem Spatel abschaben. Bei rauen oder porösen Flächen je nach Art des Klebstoffs mit Aceton oder Seifenlauge lösen.

→ Klebstoff auf *Textilien* möglichst nicht antrocknen lassen. Zunächst versuchen, die Flecken mit Seifenlauge zu lösen. Ansonsten mit Aceton, Waschbenzin oder Fleckenwasser behandeln.

Bei Ketschupflecken zunächst möglichst viel mit einem Löffel entfernen. Anschließend wird der Fleck angefeuchtet und mit Gallseife behandelt.

→ Angetrocknete Klebstoffflecken auf Textilien 30 Minuten in kochendem Essigwasser einweichen und anschließend wie gewohnt waschen.

Alternativ mit Aceton auflösen.

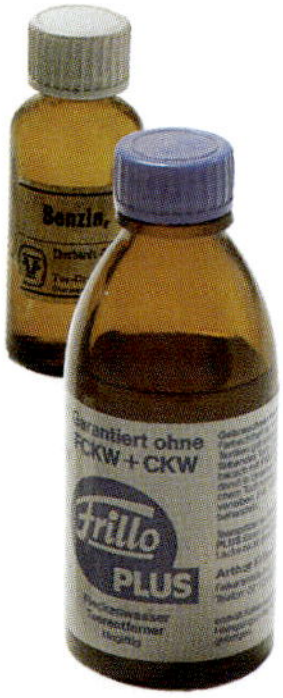

Klebstoffreste

→ Klebstoffreste von Etiketten auf *Textilien* so vollständig wie möglich mit dem Finger abrollen. Reste mit Waschbenzin oder Fleckenwasser behandeln.

→ Von *harten* und *glatten Oberflächen* lassen sich Klebstoffreste mit Waschbenzin oder Isopropanol lösen (siehe auch Aufkleber).

Knetmasse

→ Zunächst so viel Knetmasse wie möglich entfernen. Hierbei empfiehlt sich meistens ein Abkühlen durch Einfrieren, Auflegen von Eiswürfeln oder Vereisungsspray, damit sich die Masse möglichst rückstandslos entfernen lässt.

→ Da Knetmasse häufig intensiv gefärbt ist, bleibt meistens ein entsprechender Farbfleck zurück. Behandlung siehe Farbstoff.

Kohlepapier

→ *Textilien* mit Fleckenwasser oder Waschbenzin betupfen, bis keine Farbe mehr abgegeben wird. Anschließend mit Gallseife behandeln und warm waschen. Lufttrocknen.

→ Flecken von Schreibmaschinenbändern oder Kohlepapier auf der *Haut* lassen sich mit Spiritus entfernen.

! *Kohlepapierflecken nicht verreiben!*

Kompott siehe **Marmelade**

Korrekturflüssigkeit

→ Die Flüssigkeit antrocknen lassen, anschließend zerbröckeln und so viel wie möglich vom Gewebe abkratzen. Mit Aceton behandeln, um die Farbe herauszulösen. Nach der Behandlung mit Seifenlauge reinigen und mit viel Wasser ausspülen. *Waschbare Textilien* nach der Behandlung wie gewohnt waschen.

→ Von *glatten Oberflächen* lässt sich Korrekturflüssigkeit mit einem mit Aceton getränkten Lappen entfernen.

Kosmetika siehe **Make up**

Kotflecken
→ *Waschbare Textilien* sofort möglichst heiß waschen.
→ Auf *Teppichen* oder *Polstermöbeln* zunächst möglichst viel von dem Schmutz abnehmen, anschließend mit warmer Seifenlauge oder mit Oranexlösung auswaschen. Restflecken mit Salmiakgeist behandeln.

Kratzer
→ Feine Kratzer auf *Holzoberflächen* lassen sich meistens wegpolieren. Hierzu einen sauberen Flaschenkorken in eine Mischung aus gleichen Teilen Essig und Öl tauchen und die Oberfläche mit kreisenden Bewegungen abreiben. Man kann kleine Kratzspuren auch entfernen, indem man mit dem Fruchtfleisch von ganzen Wal- oder Pekannüssen darüberreibt.
→ Bei tieferen Kratzern die Stelle mit sehr feinem Sandpapier oder feiner Stahlwolle vorsichtig abreiben. Anschließend Möbelpolitur in der passenden Farbe auftragen und polieren.

Kugelschreiber
→ Kugelschreiberflecken aus *Textilien*, *Teppichen* und *Polstermöbeln* lassen sich mit Spiritus entfernen. Mit einem getränkten, sauberen Lappen den Fleck abtupfen und vorsichtig herausreiben. Restflecken in *Textilien* mit Gallseife behandeln und anschließend wie gewohnt waschen.
→ Blaue Kugelschreiberflecken lassen sich im Normalfall leichter entfernen als andersfarbige. In den problematischen Fällen hat sich jedoch die Haarspray-Methode bewährt: Einen saugfähigen Lappen unterlegen, den Fleck mit Haarspray besprühen und vorsichtig herausreiben. Den Vorgang so lange wiederholen, bis keine Farbe mehr herausgelöst wird. Anschließend mit Gallseife behandeln und wie gewohnt waschen.
→ Kugelschreiberflecken von *Lederoberflächen* mit einem in Milch getauchten Läppchen entfernen.

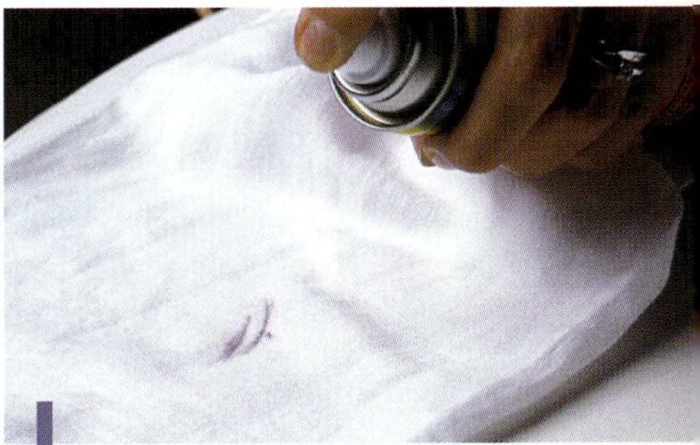

Haarspray – ein bewährtes Mittel gegen Kugelschreiberflecken.

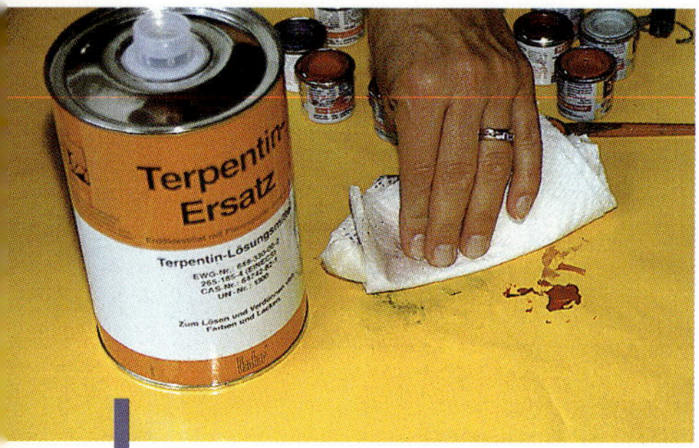

Farb- und Lackflecken werden am besten mit Terpentinersatz entfernt.

Lack

→ Lackflecken mit Terpentinersatz behandeln. Dazu ein sauberes Läppchen mit dem Lösungsmittel tränken, ein saugfähiges Tuch unterlegen und den Fleck so lange betupfen, bis sämtliche Farbe herausgelöst ist.

Lehm siehe **Ton**

Leim

→ Flecken aus wasserlöslichem Leim in *Textilien* durch normales Waschen mit enyzmhaltigem Waschmittel entfernen.
→ Auf *Teppichen* oder *Polstermöbeln* einfach mit einem Schwamm und viel Wasser herauslösen.
→ Nicht wasserlösliche Flecken, auch auf *Teppichen* oder *Polstermöbeln*, mit Aceton oder Waschbenzin entfernen.
→ Leimflecken auf *Holz* mit Margarine oder Speiseöl und einem weichen Lappen entfernen.

Lidschatten

→ Lidschatten auf *hellen Textilien* und *Polstermöbeln* mit einem mit Spiritus oder Isopropanol getränkten Läppchen vorsichtig ausreiben.
→ *Dunkle Textilien* mit einer Scheibe Brot abreiben.

Likör

→ Likörflecken auf *Textilien* mit lauwarmem Wasser ausspülen und anschließend wie gewohnt waschen. Starke Verfärbungen mit Spiritus vorbehandeln.
→ Flecken auf *Teppichen* und *Polstermöbeln* mit Mineralwasser verdünnen und aufsaugen. Den Vorgang mehrmals wiederholen. Anschließend mit Seifenlauge aus Feinwaschmittel vorsichtig ausreiben. Starke Verfärbungen mit Spiritus oder Fleckenwasser behandeln.

Limonade

→ Möglichst viel von der Flüssigkeit aufsaugen und mit lauwarmem Wasser nachspülen.

→ Alte Flecken in *waschbaren Geweben* mindestens 30 Minuten in warmer Seifenlösung einweichen.
→ Alte Flecken in *nicht waschbaren Geweben* mit Glyzerin aufweichen, anschließend mit Seifenlösung vorsichtig ausreiben und mit klarem Wasser nachbehandeln.

Lippenstift
→ Lippenstiftflecken in *Textilien* mit Spiritus oder Isopropanol vorbehandeln. Den Restfleck mit einigen Tropfen Spüli oder Seife einreiben und mit viel kaltem Wasser auswaschen.
→ Alte Flecken mit Glyzerin aufweichen und danach wie frische Flecken behandeln.
→ Sehr hartnäckige Verfärbungen mit Salmiakgeist entfernen.

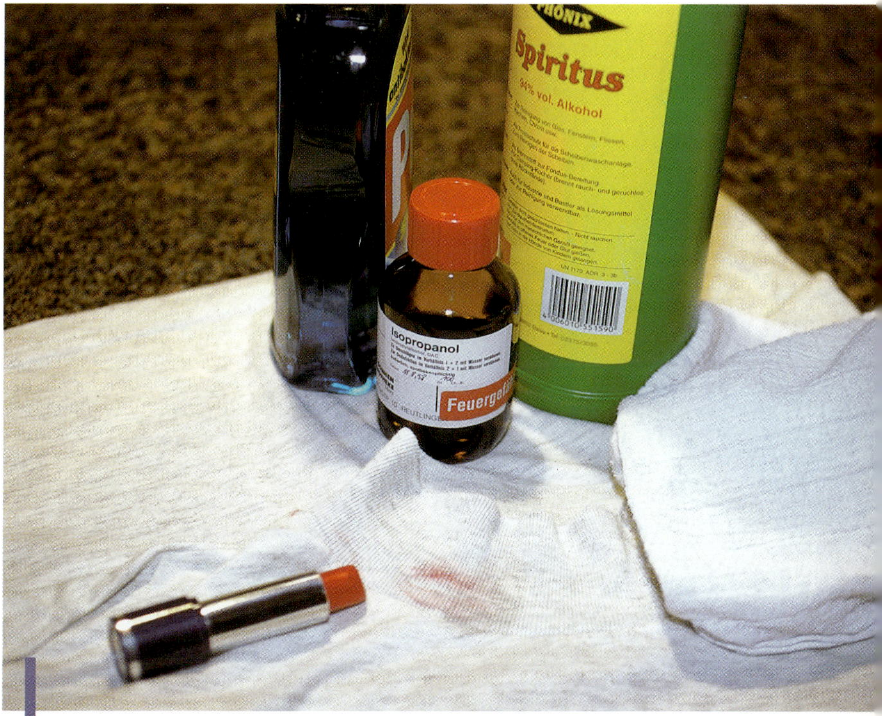

Lippenstiftflecken werden mit Isopropanol oder Spiritus vorbehandelt. Anschließend lassen sie sich gut mit Spülmittel auswaschen.

Lotion siehe **Creme**

M

Maggi siehe **Gewürzsoße**

Majonäse

Majonäse besteht hauptsächlich aus Fett und Eiweiß. Entsprechend muss auch die Fleckbehandlung erfolgen.

→ Zunächst so viel Majonäse wie möglich abnehmen. Daraufhin Talkum oder Stärkemehl auf den Fleck streuen, um das Fett aufzusaugen. Anschließend abbürsten und den Vorgang bei Bedarf wiederholen.

→ Stark verschmutzte *waschbare Textilien* 30 Minuten in warmer Seifenlösung einweichen. Anschließend den Fleck mit Gallseife vorbehandeln und in enzymhaltigem Waschmittel waschen.

→ Aus *nicht waschbaren Geweben* das Fett zunächst durch Talkum oder Stärkemehl aufsaugen lassen. Anschließend mit Fleckenwasser behandeln.

Make up

→ Make up auf *dunklen Textilien* mit einem Stück Brot abreiben.

→ *Helle Textilien* mit Akohol oder Spiritus behandeln und, falls möglich, anschließend wie gewohnt waschen.

→ Sind einmal keine speziellen Reinigungsmittel zur Hand, beispielsweise unterwegs, reibt man den angefeuchteten Fleck mit einem Stück Seife ein und spült mit Wasser aus.

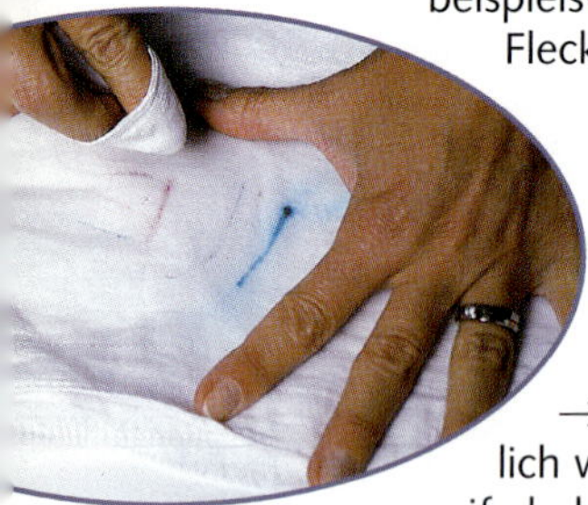

Margarine siehe **Butter**

Marker siehe **Textmarker**

Marmelade

→ Marmeladeflecken auf *Textilien* zuerst mit reichlich warmem Wasser ausspülen. Anschließend mit Gallseife behandeln und wie gewohnt waschen.

Alte Flecken mit Glyzerin aufweichen und mindestens 30 Minuten einwirken lassen. Anschließend wie frische behandeln.

→ Auf *Teppichen* und *Polstermöbeln* Marmeladereste abkratzen und feucht abwischen. Anschließend mit Spiritus behandeln.

Mascara
→ Wimperntusche, auch wasserfeste, mit einem mit Waschbenzin getränkten Läppchen vorsichtig ausreiben.
→ Man kann die Flecken auch mit Isopropanol behandeln, muss dafür aber etwas mehr Geduld aufbringen.

Milch
→ Milchflecken aus *waschbaren Textilien* zuerst mit kaltem Wasser auswaschen. Anschließend mit Gallseife behandeln und kalt waschen. Sollten noch Restflecken vorhanden sein, 30 Minuten in warmer Seifenlauge mit enzymhaltigem Waschmittel einweichen. Anschließend wie gewohnt waschen.
→ *Nicht waschbare Textilien*, *Teppiche* und *Polstermöbel* mit neutraler Seifenlauge behandeln, der etwas Salmiakgeist zugesetzt wurde. Anschließend mit kaltem Wasser nachreinigen.
→ Alte Flecken mit Glyzerin aufweichen. Anschließend wie frische Flecken behandeln.

Milchbrei siehe **Milch**

Milchkaffee
→ Den Michkaffee aus *Textilien* zuerst mit viel kaltem Wasser ausspülen. Anschließend mit Gallseife behandeln und wie gewohnt waschen.
→ *Gewebe* mit angetrockneten Flecken in heißer Milch einweichen und anschließend wie gewohnt waschen.
→ Auf *Teppichen* und *Polstermöbeln* zunächst möglichst viel Flüssigkeit mit Küchenkrepp aufsaugen. Anschließend den Fleck mit lauwarmer Seifenlauge behandeln. Restflecken mit Fleckenwasser oder Waschbenzin behandeln.

Milchshake siehe **Eiscreme**

Möbelpolitur
→ Möbelpoliturflecken auf *Textilien*, *Teppichen* oder *Polstermöbeln* mit Talkum bestreuen und mehrere Stunden das Öl aufsaugen lassen. Anschließend mit Fleckenwasser behandeln.
→ Flecken in *waschbaren Textilien* daraufhin mit Gallseife einreiben und wie gewohnt waschen.

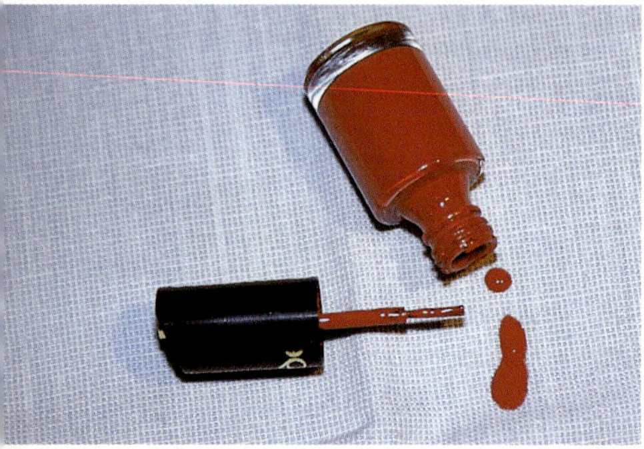

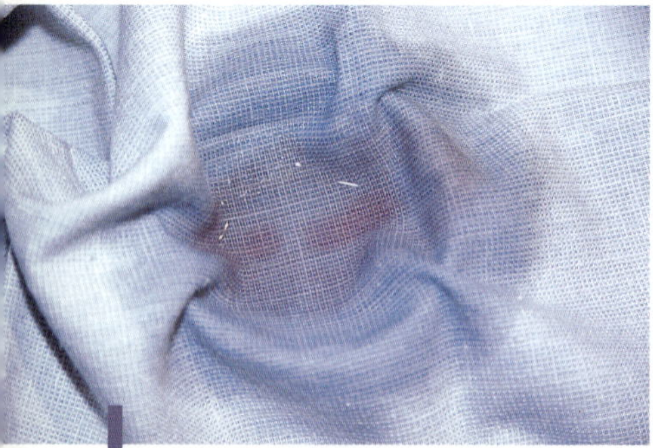

Nagellackflecken werden am besten mit Aceton entfernt. Restflecken vor dem Waschen noch in Spiritus einweichen.

→ Alte Flecken mit Glyzerin oder Vaseline aufweichen und danach wie frische behandeln.

Motoröl

→ Ölflecken, beispielsweise auf dem *Garagenboden*, mit Sägespänen oder Sand bestreuen und nach einigen Tagen wegfegen. Sind noch Restflecken sichtbar, diese mit flüssigem Waschmittel oder Spüli wegschrubben.
→ Motorölflecken in *Textilien* zunächst mit Speiseöl oder Butter einreiben und nach kurzer Einwirkzeit mit Spiritus oder Fleckenwasser behandeln. Waschbare Gewebe anschließend mit Gallseife einreiben und waschen.

Nagellack

→ Mit reichlich Aceton herauslösen. Anschließend wie gewohnt waschen. Restverfärbungen verschwinden meistens durch das Waschen.
→ Bleiben doch Restflecken, diese mit Spiritus nachreinigen und falls möglich bleichen.
→ Flecken in *Kunstfasern* mit Glyzerin aufweichen und das Kleidungsstück reinigen lassen.
→ Nagellackflecken auf *Teppichen* und *Polstermöbeln* mit einem mit

Nagellackflecken in Naturgeweben nicht antrocknen lassen, sondern sofort behandeln. Nagellackentferner ist zur Entfernung weniger geeignet, da es neben Aceton noch Zusätze enthält.

Aceton getränkten Lappen entfernen. Den Vorgang so oft wiederholen, bis die gesamte Farbe herausgelöst ist.

Nikotin

→ Ein Nikotinfilm auf *Fensterscheiben* lässt sich durch Putzen mit einer Mischung aus Wasser und Spiritus im Verhältnis 1:1 entfernen.

→ Nikotinflecken in *Textilien* mit Isopropanol behandeln. Bei hartnäckigen Flecken eine Mischung aus gleichen Teilen Salmiakgeist und Glyzerin verwenden.
Anschließend wie gewohnt waschen.

Nach einem Kneipenbesuch riecht Kleidung häufig unangenehm nach Zigarettenrauch. Der Nikotingeruch in Textilien verschwindet aber, wenn man sie in milder Essiglösung einweicht und anschließend wie gewohnt wäscht.

Obst

→ Frische Flecken in *Textilien* unter fließend kaltem Wasser ausspülen.
Alternativ mit Mineralwasser behandeln und danach wie gewohnt waschen.

→ Bei *hitzebeständigen Geweben* wie Baumwolle, Leinen oder verschiedenen Mischgeweben hat sich für alle Arten von Obstflecken die Kochend-Wasser-Methode bewährt (siehe Seite 39).

→ Alle *übrigen Textilien* mit Zitronensaft vorbehandeln und mit Wasser ausspülen. Restflecken können noch mit Essig behandelt werden. Anschließend wie gewohnt waschen.

→ Textilien alternativ in Buttermilch einweichen und anschließend wie gewohnt waschen.

→ Alte Obstflecken mit Glyzerin einweichen und das Mittel eine Stunde einwirken lassen. Anschließend wie frische Flecken behandeln.

→ Weiße Textilien aus *Naturfasern* bei hartnäckigen Verfärbungen mit Chlorbleiche oder Wasserstoffperoxid bleichen.

→ Obstflecken in *Teppichen* oder *Polstermöbeln* mit Seifenlauge aus Feinwaschmittel oder mit Salmiakgeist behandeln. Restflecken mit Essig entfernen.

Nach der Verarbeitung von Obst, insbesondere Pflaumen, Kirschen, Brombeeren oder anderen intensiv gefärbten Früchten, sind auch die *Hände* häufig bräunlich oder bläulich verfärbt. Sie werden wieder sauber, indem man sie mit der Schnittfläche einer halbierten Zitrone abreibt oder mit Zitro-

Bei Obstflecken sollte man keine Körperseife zum Herauswaschen verwenden, da durch deren Inhaltstoffe der Fleck im Gewebe fixiert werden kann und sich eventuell nicht mehr entfernen lässt. Am besten eignet sich dafür flüssiges Waschmittel.

nensaft wäscht. Man kann die Hände aber auch mit Buttermilch waschen.

Obstsaft siehe **Obst**

Öl siehe auch **Fett**
→ Frische Flecken mit Talkum oder Stärkemehl bestreuen und möglichst viel aufsaugen lassen. Anschließend wegbürsten und den Vorgang bei Bedarf wiederholen.
→ *Waschbare Textilien* mit Gallseife vorbehandeln und anschließend so heiß wie möglich waschen.
→ Bei *nicht waschbaren Geweben* sowie *Teppichen* und *Polstermöbeln* Restflecken mit Fleckenwasser entfernen.
→ Ölflecken aus *Wolle* mit Mineralwasser entfernen.

Ölfarbe
→ Bei frischen Flecken zuerst so viel wie möglich von der frischen Farbe abtupfen.
→ Alte, eingetrocknete Flecken zunächst möglichst vollständig abkratzen.
→ Spritzer von Ölfarbe auf Fensterscheiben oder anderen *glatten Oberflächen* zuerst mit Isopropanol oder Spiritus anlösen und anschließend mit einem Holzspatel abschaben.
→ Ölfarbe von *kratzfesten Oberflächen* mit einer Rasierklinge entfernen. Die Oberfläche vorher anfeuchten.
→ Ölfarbe auf *Metalloberflächen* mit Verdünner entfernen.
→ Flecken auf *Teppichen* und *Polstermöbeln* vorsichtig ohne Reiben mit Verdünner oder Terpentinersatz herauslösen. Den Reinigungsvorgang mehrmals wiederholen, da die Flecken sehr farbintensiv sind.
→ Ölfarbe auf *Textilien* mit Verdünner oder Terpentinersatz herauslösen. Dabei einen saugfähigen Lappen unterlegen. Anschließend mit Gallseife behandeln und wie gewohnt waschen.
→ Hartnäckigen Flecken in robusten Geweben wie *Jeansstoff* kann man auch mechanisch zu Leibe rücken. Den Fleck mit einer Messerklinge oder Spatel aus dem Gewebe kratzen. Durch die ohnehin meist etwas ungleichmäßige Färbung bei Jeansstoffen, vor allem wenn sie älter und verwaschen sind, fällt die auf diese Weise behandelte Stelle kaum auf, der intensive Farbfleck ist aber verschwunden.

Öl- oder Fettflecken werden mit Talkum bestreut, damit das Fett aus dem Gewebe gesogen wird. Der Vorgang muss nach Bedarf wiederholt werden.

Papier

→ Papierreste von Etiketten oder Verpackungen auf *Holzmöbeln* oder *harten Oberflächen* mit Speiseöl aufweichen. Nach einiger Zeit lassen sie sich so leicht entfernen.

Paraffin siehe **Wachs**

Parfüm

→ Frische Flecken sofort mit viel Wasser ausspülen. Anschließend mit Gallseife vorbehandeln und wie gewohnt waschen.

→ Parfümflecken auf *Textilien* mit verdünntem Salmiakgeist oder Isopropanol betupfen und falls möglich anschließend waschen.

→ Parfümflecken auf *Teppichen* und *Polstermöbeln* mit Kleesalzlösung oder Rostentferner behandeln.

Puder

→ So viel Puder wie möglich von dem *Kleidungsstück* abschütteln oder auch absaugen. Dabei möglichst wenig Puder verreiben. Anschließend das Gewebe mit milder Seifenlauge auswaschen.

Rauch

→ Aus *Textilien* am besten durch möglichst heißes Waschen entfernen. Die Textilien können vorher auch in Waschsoda eingeweicht werden, damit sich die fettigen Bestandteile besser lösen. Es empfiehlt sich, eine Tasse Waschsoda zur Maschinenwäsche zu geben. Eventuell vorhandene Restflecken mit Spiritus behandeln.

Verunreinigungen durch Rauchentwicklung entstehen häufig in der Nähe von offenen Kaminen oder Kerzen.

→ *Teppiche* und *Polstermöbel* mit speziellen Teppich- oder Polstershampoos reinigen. Kleine Bereiche mit Fleckenwasser behandeln. In allen Fällen für eine gute Durchlüftung sorgen.

→ Bei sehr starken Verunreinigungen eine professionelle Dampfreinigung durchführen lassen.

Reinigungsmittel

→ Auch die Reinigungsmittel selber können in *Textilien* Flecken oder Ränder hinterlassen. Sie lassen sich aber meis-

tens dadurch entfernen, indem man das Gewebe über heißen Wasserdampf hält.
→ Bei *waschbaren Textilien* die betroffenen Stellen mit Gallseife einreiben und wie gewohnt waschen.

Rost
→ Verrostete *Blechgegenstände* mit Tomatensaft abreiben. Anschließend mit Wasser abspülen und trockenreiben.
→ Harte und auch *raue Oberflächen* wie Waschbecken, Beton oder Stein anfeuchten, mit Kleesalz bestreuen und anschließend mit einer Nylonbürste abschrubben.

In Textilien werden Rostflecken durch heißes Wasser oder Bügeln so fixiert, dass sie sich kaum mehr entfernen lassen. Daher sollte man Rostflecken immer möglichst frisch behandeln.

→ Rostflecken auf *Teppichen* und *Polstermöbeln* mit Salz bestreuen, etwas einwirken lassen und abbürsten. Den Vorgang bei Bedarf mehrfach wiederholen.
→ Um Rostflecken aus *Textilien* zu entfernen, gibt es verschiedene Methoden:

- Mit Zitronensaft beträufeln und anschließend ausspülen. Den Vorgang mehrfach wiederholen.
- Mit Zitronensaft beträufeln und mit Salz bestreuen. Mindestens eine Stunde einwirken lassen. Anschließend wie gewohnt waschen.
- Fleck anfeuchten, Kleesalz aufstreuen und einreiben. Eine Zeit lang einwirken lassen und ausspülen. Den Reinigungsvorgang bei Bedarf wiederholen.

Rote Bete
→ Rote-Bete-Flecken sollten möglichst behandelt werden, solange sie noch feucht sind. Mit der Kochend-Wasser-Methode lassen sie sich aus *Naturgeweben* rückstandslos entfernen. Die Textilien anschließend wie gewohnt waschen.
→ Textilien mit älteren und hartnäckigeren Flecken in Wäscheboraxlösung einweichen und nach der Behandlung wie gewohnt waschen.
→ *Weiße Naturfasern* können mit Chlorbleiche gebleicht werden.
→ Flecken aus *Teppichen* und *Polstermöbeln* mit möglichst viel heißem Wasser herauslösen. Zwischendurch das überschüssige Wasser mit einem saugfähigen Lappen aufnehmen.

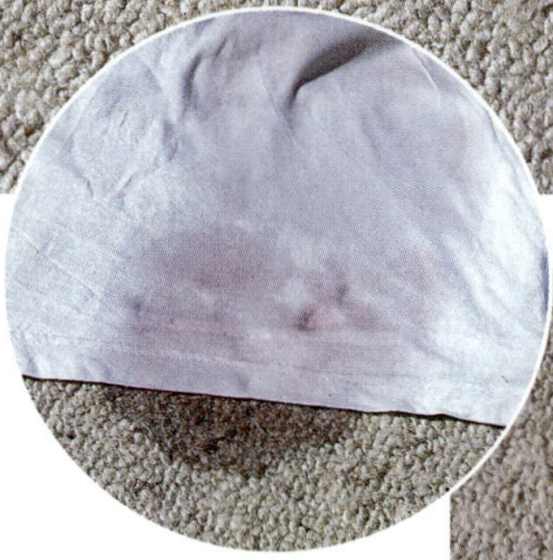

Bei verschüttetem Rotwein ist das Wichtigste schnelles Handeln: Zunächst muss möglichst viel Flüssigkeit aufgesogen werden. Dann wird mit Wasser verdünnt. Zwischendurch muss die Flüssigkeit immer wieder aufgenommen werden. Restflecken werden mit Salz behandelt.

Rotwein
→ Normalerweise verschwinden Rotweinflecken rückstandslos, wenn die *Textilien* so schnell wie möglich normal gewaschen werden.
→ Textilien sofort unter fließend kaltem Wasser auswaschen.
→ Falls möglich, die Kochend-Wasser-Methode anwenden.
→ Bei *Teppichen* und *Polstermöbeln* sofort möglichst viel Rotwein mit Küchenkrepp aufsaugen. Anschließend mit reichlich Mineralwasser nachbehandeln. Zwischendurch die Flüssigkeit immer wieder aufsaugen. Restflecken mit Salz bestreuen, trocknen lassen und anschließend ausbürsten. Restliche Verfärbungen mit Spiritus entfernen.

Rouge siehe **Make up**

Ruß
→ Ruß zuerst gut abschütteln oder gründlich absaugen. Dabei darauf achten, dass möglichst wenig Ruß ins Gewebe eindringt.
→ Flecken auf *Textilien* mit Spüli, Zahnpasta oder Pinselreiniger vorbehandeln und anschließend wie gewohnt waschen.
→ Flecken auf *Teppichen* oder *Polstermöbeln* mit Talkum bestreuen. Anschließend abbürsten oder absaugen. Restflecken mit Fleckenwasser behandeln und mit warmer Seifenlauge aus Feinwaschmittel nachreinigen.
→ Rußflecken auf *Steinen* und *Wänden*, zum Beispiel in Kaminnähe, mit Essigessenz abschrubben.
Sehr hartnäckige Verfärbungen mit verdünnter Salzsäure behandeln.

Vorsicht beim Arbeiten mit verdünnter Salzsäure! Es handelt sich dabei um eine sehr aggressive Säure, die ätzend wirkt. Sie darf auf keinen Fall an Augen oder Schleimhäute gebracht werden. Unbedingt die Hinweise zur Anwendung beachten und für gute Durchlüftung sorgen.

S

Sahne siehe **Milch**

Safran siehe **Blütenstaub**

Salbe siehe **Creme**

Säure
→ *Textilien* sofort mit viel kaltem Wasser ausspülen. Anschließend eine starke Salmiakgeist- oder Backpulverlösung zur Neutralisation auf den Fleck geben. Abtupfen und mehrmals mit kaltem Wasser nachspülen.

Schimmel siehe **Stockflecken**

Schlamm

→ Schlammflecken auf *Textilien* und *Teppichen* zuerst vollständig trocknen lassen. Danach ausbürsten oder absaugen. Hierdurch lässt sich bereits der größte Teil der Verschmutzung entfernen. Bei robusten Stoffen wie Jeans wird durch kräftiges Abbürsten manchmal der gesamte Schmutz entfernt.

→ *Waschbare Textilien* anschließend mit Gallseife einreiben und wie gewohnt waschen.

→ Nicht *waschbare Gewebe* und *Teppiche* mit Seifenlauge unter Zusatz von etwas Essig reinigen.

Bei rötlichen Schlammflecken kann es sein, dass die Erde Eisenoxid (Rost) enthält. Um solche Verfärbungen zu entfernen, müssen die Flecken daher auch wie Rostflecken behandelt werden.

Schmierfett

→ Flecken auf *Textilien* mit Talkum oder Stärkemehl bestreuen, um das Fett aufzusaugen. Anschließend abbürsten und mit warmer Seifenlauge behandeln.

→ Alternativ den Fleck mit Butter bestreichen, kurz einwirken lassen und mit Seifenlauge auswaschen.

→ *Waschbare Textilien* mit Gallseife einreiben und wie gewohnt waschen.

→ Auf *Teppichen* und *Polstermöbeln* den Fleck mit Butter bestreichen und vorsichtig abtupfen. Anschließend mit Waschbenzin oder Fleckenwasser behandeln.

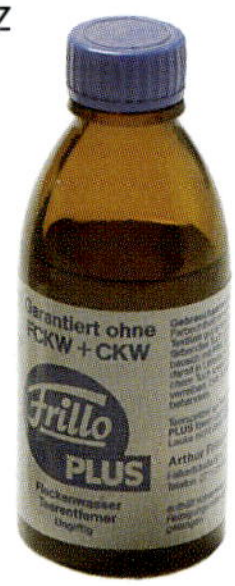

Schnaps siehe **Spirituosen**

Schneeränder

→ Schneeränder auf *Lederschuhen* lassen sich entfernen, indem man das Leder mit Petroleum abreibt.

Schokolade

→ So viel Schokolade wie möglich mit einem Spatel oder einem Messerrücken abkratzen.

→ *Textilien* zunächst mit kaltem Wasser und danach mit warmem Seifenwasser auswaschen.

→ Alternativ 30 Minuten in Seifenlauge einweichen und anschließend mit enzymhaltigem Waschmittel waschen.

Für die Entfernung von Schokoladeflecken gibt es verschiedene Möglichkeiten.

→ Flecken auf *empfindlichen Textilien* mit einer Mischung aus 2/3 Spiritus, 1/3 Wasser und etwas Spüli auswaschen.
→ Alte Flecken mit Glyzerin aufweichen und anschließend wie frische behandeln.
→ *Weiße Gewebe* mit Restverfärbungen bleichen.
→ Flecken aus *Teppichen* und *Polstermöbeln* mit milder Seifenlösung auswaschen. Restliche Fettflecken mit Fleckenwasser oder Waschbenzin entfernen.

Schreibmaschinenband siehe **Kohlepapier**

Schuhabrieb
Die Methode zur Entfernung von Schuhabrieb auf *glatten Böden* – meistens typische schwarze Streifen – hängt davon ab, ob die Oberfläche gewachst oder ungewachst ist.
→ Bei *gewachsten Böden* die Flecken mit einem weichen Topfkratzer aus Nylon und Seifenlauge vorsichtig entfernen. Anschließend normal wischen und trockenpolieren.
→ Bei *ungewachsten Böden* die Streifen mit Fleckenwasser und einem weichen Tuch abreiben. Großflächige Verschmutzungen mit einem weichen Topfkratzer aus Nylon entfernen.

Schuhcreme

→ So viel wie möglich von den *Textilien* abkratzen. Dann mit Terpentinersatz behandeln. Mit Gallseife einreiben und normal waschen.

→ Statt Terpentinersatz kann auch Spiritus oder Fleckenwasser verwendet werden.

→ Flecken auf *Teppichen* und *Polstermöbeln* mit Terpentinersatz, Spiritus oder Fleckenwasser entfernen. Mit klarem Wasser nachbehandeln. Teppiche bei Bedarf nachträglich mit Teppichschaum reinigen.

→ Alte Flecken mit Vaseline oder Glyzerin aufweichen. Das Fett mindestens eine halbe Stunde einwirken lassen und anschließend die Flecken wie frische behandeln.

Schwarze Johannisbeeren siehe **Blaubeeren**

Schweiß

→ Frische Schweißflecken mit Salmiakgeist behandeln und anschließend mit Wasser ausspülen. *Waschbare Textilien* nach der Behandlung wie gewohnt waschen.

→ Alte Flecken etwa eine Stunde in einer Essiglösung einweichen und anschließend wie gewohnt waschen.

Sekt

→ *Waschbare Textilien* wie gewohnt waschen.

→ Flecken auf empfindlicher *Seide* vorsichtig mit einem nassen Schwämmchen betupfen.

Senf

→ Senfflecken auf *Textilien* sind meist sehr schwer zu entfernen. Die besten Chancen auf ein rückstandsloses Entfernen hat die Behandlung von ganz frischen Flecken.

→ Zunächst so viel Senf wie möglich abkratzen und mit milder Seifenlauge auswaschen. Anschließend mit Salmiakgeist behandeln und wie gewohnt waschen.

→ Alte Flecken zuerst mit Glyzerin aufweichen. Das Glyzerin etwa eine Stunde einwirken lassen. Danach wie frische Flecken behandeln.

→ Sind die Flecken nach der oben beschriebenen Behandlung nicht ganz verschwunden, kann man weiße und farbechte Gewebe anschließend mit Wasserstoffperoxid, weiße Gewebe auch mit Chlorbleiche bearbeiten.

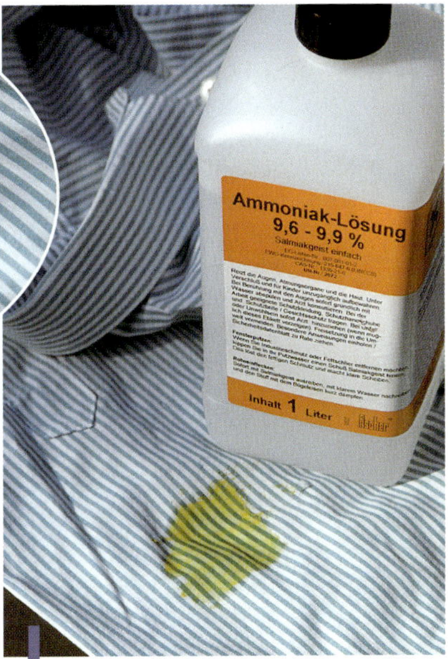

Senfflecken sind schwer zu entfernen. Am Erfolg versprechendsten ist die Behandlung von frischen Flecken mit Salmiakgeist.

→ Bei *Teppichen* und *Polstermöbeln* den Fleck zuerst mit klarem Wasser behandeln. Anschließend mit milder Seifenlauge oder Salmiakgeist reinigen.

Sengflecken siehe **Brandflecken**

Siegellack siehe **Klebstoff**

Sirup siehe **Honig**

Sojasoße siehe **Gewürzsoße**

Spagettisoße siehe **Tomatensoße**

Speisen, ölige siehe auch **Fett**
→ Ölige Flecken, die durch Speisen hervorgerufen werden, wie Fettflecken behandeln. Sind die Speiseflecken auch eiweißhaltig, *waschbare Textilien* vorher 30 Minuten in einer Lauge aus enzymhaltigem Waschmittel einweichen. Danach wie gewohnt waschen.

Spinat
→ Spinatflecken auf *Textilien* zuerst mit Mineralwasser behandeln. Anschließend mit der Schnittfläche einer halbierten rohen Kartoffel abreiben. Zuletzt mit warmer Seifenlauge auswaschen.

Spirituosen

→ *Waschbare Textilien* wie gewohnt waschen. Verfärbungen mit Spiritus vorbehandeln.

→ Alte Flecken über Nacht in kaltem Wasser einweichen. Am nächsten Tag mit Spüli und Essig vorbehandeln und anschließend möglichst heiß waschen.

→ Flecken aus *nicht waschbaren Textilien* mit Mineralwasser herauswaschen. Verfärbungen mit Waschbenzin oder Fleckenwasser behandeln.

→ Alte Flecken mit warmem Glyzerin mindestens 30 Minuten aufweichen. Anschließend wie frische behandeln.

→ Flecken auf *Teppichen* und *Polstermöbeln* mit warmem Wasser behandeln. Eventuelle Verfärbungen mit Spiritus entfernen.

Stearin siehe **Wachs**

Stempelfarbe

→ Flecken in *Textilien* mit reichlich Spiritus vorbehandeln. Dabei einen saugfähigen Lappen oder Küchenkrepp unterlegen. Anschließend mit warmem Wasser auswaschen. Den Reinigungsvorgang bei Bedarf mehrfach wiederholen, da die

Stempelfarbe lässt sich mit Spiritus entfernen.

Flecken sehr farbintensiv sind. Falls möglich, Textilien nach der Behandlung sofort waschen.

Sticker siehe **Aufkleber**

Stockflecken

→ *Leder* zunächst draußen kräftig abbürsten. Anschließend die Oberfläche mit einer Mischung aus Isopropanol und Wasser im Verhältnis 1:1 abreiben.

→ Schimmelpilze alternativ durch antiseptisches Mundwasser oder Desinsfektionsmittel abtöten. An der Sonne trocknen lassen.

→ Bei beiden Methoden das Leder anschließend mit Schuhcreme, Lederpflegemittel oder Lederfett behandeln und gründlich nachpolieren.

→ *Teppiche* und *Polstermöbel* bei möglichst guter Belüftung vollständig durchtrocknen lassen. Anschließend im Freien mit einem speziellen Fungizid oder mit Wasserstoffperoxid behandeln. Teppichstücke, die durch den Schimmel schon regelrecht zersetzt sind und Löcher haben, müssen ersetzt werden. Im Extremfall muss der ganze Teppich weggeworfen werden.

→ Stockflecken an *Wänden* oder in *Duschkabinen* lassen sich mit einer Lösung aus Chlorbleiche und Wasser im Verhältnis 1:5 entfernen. Die gesamten Wände mit der Lösung abwaschen oder wenn möglich mit einer Nylonbürste abschrubben. Um die Schimmelsporen abzutöten, anschließend mit einem Fungizid behandeln. Dabei die Gebrauchsanleitung beachten und für gute Durchlüftung sorgen.

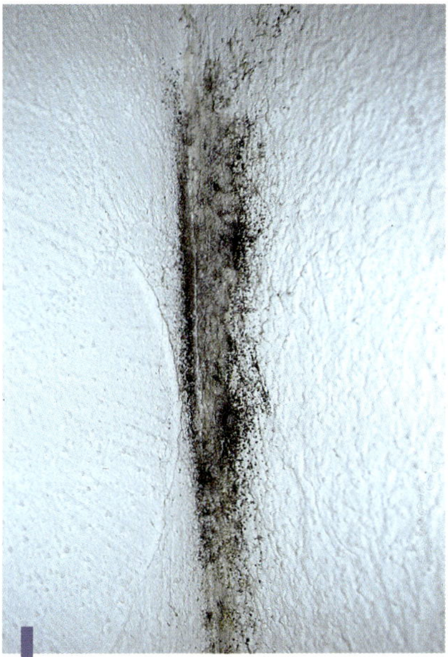

Stockflecken entstehen häufig an Außenmauern. Ein wirksames Mittel dagegen ist Chlorbleiche.

Stockflecken entstehen durch Schimmelpilze, die besonders in feuchtem Milieu gut gedeihen. Daher müssen nicht nur die Stockflecken selber entfernt, sondern auch die Schimmelpilze und deren Sporen abgetötet werden, damit keine neuen Stockflecken entstehen. Das Einatmen der umherfliegenden Sporen ist gesundheitsschädlich. Daher sollte man bei Gegenständen, die zu Schimmelbildung neigen, immer für einen geeigneten Aufbewahrungsort mit trockener Luft oder ausreichender Belüftung sorgen.

→ Stockflecken in *Textilien* lassen sich mit unterschiedlichen Methoden und Mitteln entfernen. Nach der jeweiligen Behandlung die Textilien wie gewohnt waschen und möglichst in der Sonne gut durchtrocknen lassen:

- Das Gewebe in heiße Buttermilch einlegen und anschließend mit klarem Wasser ausspülen.
- Den Schimmel mit weißem Essig oder Salz und Zitronensaft abtöten. Nach der Behandlung das Gewebe in die Sonne legen und gut durchtrocknen.
- Robuste Gewebe mit Chlorbleiche behandeln.

Straßenschmutz
→ Straßenschmutz von Schuhen oder Hundepfoten auf *Teppichen* vollständig trocknen lassen, anschließend gründlich absaugen. Die restlichen Flecken mit milder Seifenlösung oder Oranexlösung entfernen Dafür eine weiche Bürste oder ein Fleckenläppchen verwenden.
→ Falls der Teppich bereits durch normale Verschmutzung etwas nachgedunkelt ist, muss großflächiger gearbeitet werden, damit die sauberen und somit helleren Stellen nicht auffallen.

Streusalz
→ Streusalzränder auf *Lederschuhen* mit einem mit Essigwasser getränkten Lappen abreiben.

Suppe
→ Suppe mit warmem Wasser ausspülen. Anschließend mit Gallseife behandeln und *waschbare Gewebe* wie gewohnt waschen.
→ Flecken in *nicht waschbaren Textilien*, *Teppichen* und *Polstermöbeln* mit einer milden Seifenlösung behandeln, der etwas Salmiakgeist zugesetzt wurde. Anschließend mit kaltem Wasser ausspülen.

Tabasco siehe **Gewürzsoße**

Tapetenkleister
→ Waschbare *Textilien* so schnell wie möglich normal waschen.
→ Kleister von *Teppichen* und *Polstermöbeln* zunächst weitgehend mit einen Löffel abnehmen. Anschließend mit Sei-

fenlauge auswaschen und mit klarem Wasser nachreinigen.
→ Angetrockneten Tapetenkleister vorsichtig abkratzen. Restflecken mit Seifenlauge entfernen.

Tapetenkleister gehört zu den wasserlöslichen Klebstoffen und ist im Normalfall leicht zu entfernen.

Tee
→ Teeablagerungen auf *Geschirr* lassen sich mit Backpulver entfernen. Dafür 1 bis 2 Esslöffel Backpulver in das Gefäß geben und heißes Wasser darüber gießen. Eine Stunde einwirken lassen, dabei mehrmals umschwenken. Nach der Behandlung abspülen und Restflecken mit einem Schwamm entfernen.

Alternativ die Oberfläche mit Salz abreiben und anschließend heiß abspülen.
→ Teeflecken auf *Teppichen* und *Polstermöbeln* mit einer Wäscheboraxlösung behandeln.
→ Aus *Textilien* die Flecken sofort mit viel lauwarmem Wasser ausspülen. Anschließend mit Gallseife vorbehandeln und wie gewohnt waschen.

Alternativ in Wäscheboraxlösung einweichen und anschließend waschen.

Teeflecken darf man nie mit heißem Wasser oder Salmiakgeist behandeln, da so die Flecken im Gewebe fixiert werden.

Teer
→ Auf allen *Geweben* den Teer zunächst mit Kältespray oder Eiswürfeln so weit abkühlen, dass sich möglichst viel abbröckeln oder abkratzen lässt. Reste gründlich ausbürsten. Die Flecken mit Butter oder Speiseöl bestreichen, um den Teer zu lösen. Anschließend mit Waschbenzin behandeln und mit warmer Seifenlösung nachreinigen.
→ *Waschbare Textilien* mit Gallseife behandeln und anschließend wie gewohnt waschen.

Tesafilm siehe **Klebestreifen**

Textmarker
→ Bei *Textilien* einen saugfähigen Lappen unterlegen und mit reichlich Salmiakgeist betupfen. Die Unterlage gegebenenfalls mehrfach wechseln. Bei Restflecken einige Minuten Wasserstoffperoxid einwirken lassen. Anschließend wie gewohnt waschen.

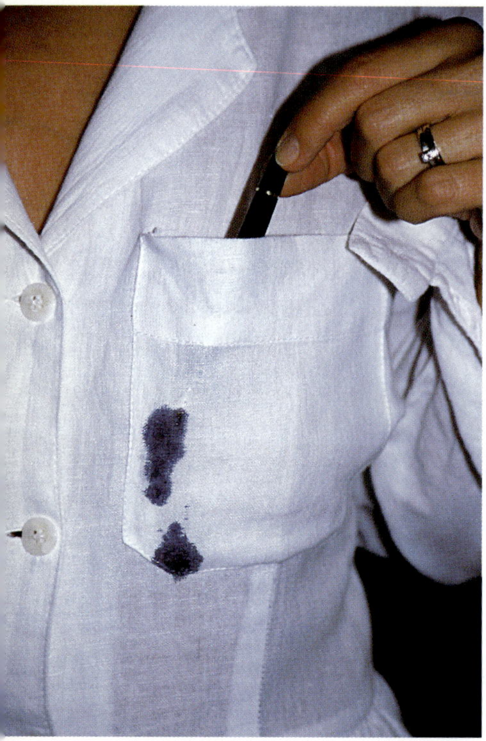

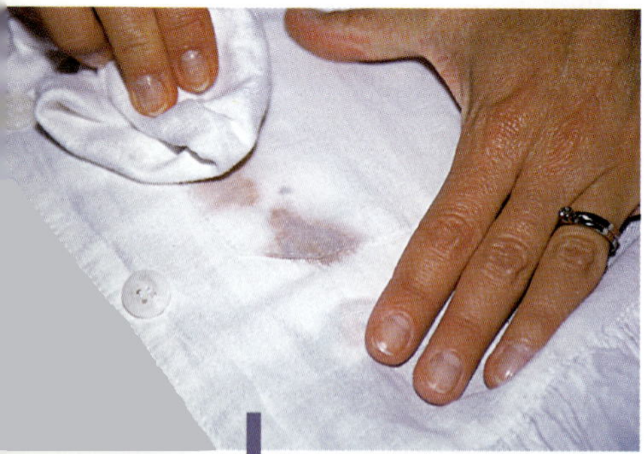

Tintenflecken lassen sich gut mit Salmiakgeist entfernen.

Tinte

→ Tintenflecken lassen sich aus *Textilien*, *Teppichen* und *Polstermöbeln* mit Salmiakgeist leicht entfernen. Mit einem sauberen, getränkten Lappen den Fleck abtupfen oder vorsichtig herausreiben. Textilien danach wie gewohnt waschen.

Angetrocknete Tintenflecken mit Zitronensaft beträufeln und zwischen zwei saugfähige Lappen pressen. Den Reinignungsvorgang mehrfach wiederholen und anschließend wie gewohnt waschen.

→ Tintenflecken auf der *Haut* lassen sich entfernen, indem man sie mit einer in Essig und Salz getauchten Nagelbürste abschrubbt.

→ Frische Tintenflecken auf *Holzoberflächen* kann man mit einem mit Essig getränkten Lappen ausreiben.

Tipp-Ex siehe **Korrekturflüssigkeit**

Tomatensoße

→ Zunächst so viel Soße wie möglich mit einem Löffel abnehmen.

→ Rote Soßen auf *Textilien* sofort mit kaltem Wasser gründlich ausspülen. Anschließend mit flüssigem Waschmittel oder Gallseife vorbehandeln und in enzymhaltigem Waschmittel waschen.

→ Flecken in *nicht waschbaren Textilien*, *Teppichen* und *Polstermöbeln* zunächst mit Wasser, danach mit Essiglösung behandeln. Restflecken mit Fleckenwasser oder Waschbenzin entfernen.

Ton

→ Ton, der zum Töpfern verwendet wird, sowie Lehm oder lehmige Erde gehören zu den wenigen Arten von Verschmutzungen, die vor der Behandlung möglichst durchtrocknen sollten. So lassen sie sich zum größten Teil aus den *Textilien*, dem *Teppich* oder den *Polstermöbeln* herausbürsten.
→ *Waschbare Textilien* anschließend mit Gallseife einreiben und wie gewohnt waschen.
→ Restflecken auf *Teppichen* und *Polstermöbeln* mit milder Seifenlauge entfernen.

Toner

→ So viel wie möglich sofort absaugen, nicht verreiben. Flecken in *Textilien* mit Gallseife vorbehandeln und wie gewohnt waschen. Restliche Flecken mit Salmiakgeist behandeln und anschließend gründlich ausspülen.

Tusche

Tuscheflecken dürfen nie eintrocknen!

→ Tuscheflecken aus *Textilien* sofort mit viel kaltem Wasser ausspülen. Anschließend mit Salmiakgeist behandeln und gründlich ausspülen.
→ Angetrocknete Flecken über Nacht in eine Lösung aus 1 Liter Wasser und 4 Esslöffel Salmiakgeist einweichen. Nach der Behandlung wie gewohnt waschen.

U

Urin

→ Urinflecken auf *Teppichen* und *Polstermöbeln* zunächst so gut wie möglich mit Küchenkrepp aufsaugen. Mit Essig betupfen, um den Geruch zu neutralisieren. Anschließend mit milder Seifenlauge reinigen und mit klarem Wasser nachbehandeln.
→ Auch bei *Matratzen* so viel Urin wie möglich aufsaugen. Anschließend mit Essigwasser reinigen. Dabei sollte man aufpassen, dass sich der Fleck nicht zu weit ausbreitet. Mit klarem Wasser nachreinigen. Die Matratze nach der Behandlung möglichst draußen an der frischen Luft gründlich durchtrocknen lassen.

W

Wachs

→ Mit Wachs bekleckerte *Kerzenleuchter aus Metall* für eine Stunde ins Gefrierfach legen. Danach fällt das Wachs

Wachs wird zunächst mit einem Messer von dem Gewebe abgekratzt und anschließend mit einem heißen Bügeleisen und saugfähigem Papier herausgebügelt.

Wasserfarbflecken sollten möglichst nicht eintrocknen, da sie dann häufig nicht mehr zu entfernen sind.

fast von allein ab. Das Wachs nicht abkratzen, da sonst leicht Kratzer auf dem Metall entstehen!

→ Wachsflecken auf Kerzenleuchtern kann man auch durch Wärme entfernen. Den Backofen auf etwa 100 °C vorheizen. Anschließend den Kerzenhalter auf einem Stück Küchenkrepp solange in den Backofen stellen, bis das Wachs abgeschmolzen ist.

→ Wachs auf *Teppichen* und *Polstermöbeln* zerbröckeln und mit einer harten Bürste abbürsten. Die Restflecken mit Spiritus oder Waschbenzin behandeln.

→ *Textilien* mit Wachsflecken am besten für eine Stunde ins Gefrierfach legen. Danach lässt sich das Wachs zum Großteil abbröckeln. Das Gewebe anschließend zwischen zwei Löschblätter oder Küchenkrepp legen und mit einem warmen Bügeleisen ausbügeln. Fetthaltige Restflecken mit Spiritus oder Fleckenwasser entfernen.

Wachsmalstifte

→ Flecken mit Spiritus vorbehandeln und mit Seifenlauge aus Feinwaschmittel entfernen. *Waschbare Textilien* anschließend wie gewohnt waschen.

Wasserfarbe

→ Wasserfarbe so schnell wie möglich mit reichlich Wasser ausspülen. Anschließend mit Seife auswaschen.

→ Alternativ mit Gallseife vorbehandeln und normal waschen.

→ Bei alten Flecken kann man versuchen, sie mit Glyzerin aufzuweichen und anschließend wie frische zu behandeln.

Wasserflecken

→ Wasserflecken auf *Samt* einige Minuten über Wasserdampf halten. Anschließend die Feuchtigkeit abschütteln. Den getrockneten Samt mit einer weichen Bürste aufbürsten.

→ Wasserflecken auf *unbehandelten Holzoberflächen* mit einem angefeuchteten Tuch, das in Zigarrenasche getunkt wurde, vorsichtig abreiben.

→ Man kann auch Speiseöl oder Majonäse mit der Asche vermischen. Anschließend die Fläche mit Olivenöl, Holzwachs oder einem entsprechenden Pflegemittel abreiben.

→ Hartnäckige Wasserflecken auf *Holz* mit Autopolitur entfernen. Hierbei vorsichtig vorgehen, damit das Holz nicht verkratzt. Die in der Autopolitur enthaltenen feinsten Schmiergelteilchen entfernen die oberste hauchdünne, vom Wasser durchdrungene Schicht des Holzes.

Wasserränder

→ Wasserränder in *waschbaren Textilien* mit dem Fingernagel oder einer weichen Zahnbürste vorsichtig aufrauen und anschließend wie gewohnt waschen.

→ *Nicht waschbare Textilien* über Wasserdampf halten und anschließend mit einem feuchten Tuch bügeln.

→ Getrocknete Wasserflecken an der *Zimmerdecke* mit einer Mischung aus Chlorbleiche und Wasser im Verhältnis 1:5 besprühen.

→ Alternativ Wasserstoffperoxid direkt aufbringen.

Weißwein

→ Frische Weißweinflecken in *Textilien* lassen sich ohne Probleme bei der normalen Wäsche entfernen.

→ Eingetrocknete Flecken mit Salmiakgeist vorbehandeln. Anschließend wie gewohnt waschen.

→ Flecken aus *nicht waschbaren Textilien* mit Mineralwasser entfernen.

→ Befleckte *Teppiche* und *Polstermöbel* mit Salmiakgeist behandeln und anschließend mit milder Seifenlauge nachreinigen.

Wimperntusche siehe **Mascara**

Worcester Soße siehe **Gewürzsoße**

Zucker

→ Die Flecken zuerst mit lauwarmem Wasser auflösen und anschließend die *Textilien* wie gewohnt waschen.

→ Flecken aus *Teppichen* und *Polstermöbeln* mit viel lauwarmem Wasser herauslösen, zwischendurch die Flüssigkeit mit Tüchern aufsaugen.

→ Zuckerkrusten auf *Backblecken* oder *Herdplatten* mit Papier und Salz abreiben. Anschließend wie gewohnt reinigen.

Zuckerhaltige Flecken dürfen nie ungelöst gekocht oder gebügelt werden, da sie sonst braune Verfärbungen verursachen.

Flecken unbekannter Herkunft

Nicht selten entdeckt man irgendwo einen Fleck und kann sich überhaupt nicht erklären, wie er gerade dorthin geriet, geschweige denn, wie er überhaupt zustande kam. Um nicht durch falsche Behandlung den Fleck für immer im Gewebe zu fixieren, sollte man bei der Fleckentfernung nach einem ganz bestimmten Prinzip vorgehen:

Man probiert nacheinander verschiedene Reinigungsmittel und Methoden aus, wobei eine festgelegte Reihenfolge eingehalten werden sollte. Häufig lässt sich der Fleck nämlich ganz einfach mit Wasser oder milden Mitteln entfernen, ohne dass man gleich zur chemischen Keule greifen muss und dadurch die Situation eventuell noch verschlimmert.

Erst wenn der Fleck vollständig entfernt wurde, dürfen die Gewebe wieder heiß gewaschen oder gebügelt werden. Um festzustellen, ob eine Behandlung erfolgreich war, muss das Gewebe vollständig getrocknet werden.

Um unbekannte Flecken erfolgreich zu entfernen, sollten folgende Mittel nacheinander in der angegebenen Reihenfolge ausprobiert werden:

1. Fleckenwasser oder Waschbenzin (vor allem bei wasserempflindlichem Gewebe).
2. Kaltes Wasser
3. Seifenlauge mit einem Schuss Essig. Anschließend mit klarem Wasser nachreinigen.
4. Seifenlauge mit einem Schuss Salmiakgeist. Anschließend mit klarem Wasser nachreinigen.
5. Spiritus oder Isopropanol (bei Kunstfasern 1:1 mit Wasser verdünnt).
6. Bleichmittel (das stärkste, das für das Gewebe geeignet ist).

Wirkt ein Mittel oder eine Behandlung erfolgreich, bleiben Sie dabei. Spülen Sie zwischendurch immer wieder mit klarem Wasser aus. Ist der Fleck verschwunden, spülen Sie noch einmal gründlich aus und lassen Sie das Material trocknen. Erst im trockenen Zustand lässt sich mit Sicherheit feststellen, ob der Fleck vollständig entfernt wurde. Ist dies der Fall, können Textilien anschließend wie gewohnt gewaschen und gebügelt werden. Ist der Fleck mit dem Reinigungsmittel nicht zu entfernen, geht man zum nächststärkeren Mittel der Liste über.

Unspezifische Verschmutzungen

Die meisten Materialien, Gegenstände oder Oberflächen, mit denen wir tagtäglich in Kontakt kommen, werden durch häufigen Gebrauch mit der Zeit schmutzig, unansehnlich oder fleckig. Aber auch diese unspezifischen Verschmutzungen und Verfärbungen lassen sich mit einfachen und schonenden Verfahren entfernen. Alphabetisch geordnet nach Material oder Gegenstand finden Sie in diesem Kapitel verschiedene Reinigungsmethoden sowie wertvolle Ratschläge zu häufig auftretenden Verschmutzungen in Haus und Garten, an Textilien und zahlreichen anderen Materialien.

Aluminium

Angelaufenes und stumpfes Aluminium wird wieder blank, wenn man es mit schwachen Säuren reinigt. Dafür gibt es verschiedene Möglichkeiten:

- Mit rohen Rhabarberblättern abreiben.
- Mit der Schnittfläche einer halbierten Zitrone abreiben.
- Zwiebeln, Zitronen, Apfelschalen oder Tomatensoße darin kochen.
- Essigwasser darin aufkochen.

Das Aluminium nach der jeweiligen Behandlung mit klarem Wasser nachspülen und trockenpolieren.

Autopolster

Autopolster verschmutzen unterschiedlich schnell und stark, je nachdem, was im Auto transportiert wird und wie stark die Beanspruchung ist. Spätestens jedoch bei der alljährlichen Grundreinigung oder wenn das Auto verkauft werden soll, empfiehlt sich eine gründliche Säuberung.

→ Ideal ist dazu die Verwendung einer Oranexlösung. Die Polster und Oberflächen werden nicht nur sauber und frischer in der Farbe. Auch unangenehme Gerüche verschwinden, ob Zigarettenrauch oder Hundegeruch, da Oranex einen angenehmen Orangenduft hinterlässt.

Badewannen
→ Verfärbte und unansehnliche Badewannen oder Porzellanspülbecken werden durch Bleichmittel wieder weiß. Auf den Boden des Beckens Küchenkrepp ausbreiten und mit Chlorbleiche tränken. 30 Minuten einwirken lassen, danach entfernen. Zum Schutz der Haut Handschuhe tragen. Nach der Behandlung das Becken gut ausspülen.

Alternativ die angefeuchteten Oberflächen mit Backpulver bestreuen und über Nacht einwirken lassen. Am nächsten Tag mit einem Schwamm verreiben und gründlich mit Wasser abspülen.

Bronze
→ Flecken auf Bronzegegenständen mit Spiritus entfernen. Anschließend gründlich nachpolieren.
→ Dunkle Flecken können durch Kupferoxid-Ablagerungen hervorgerufen werden. Sie lassen sich mit Essig entfernen. Anschließend gründlich mit Wasser abspülen, da durch die restliche Essigsäure sonst eventuell neue Flecken entstehen. Nach der Behandlung trockenpolieren.

Computertastatur siehe **Kunststoffoberflächen**

Edelstahl
→ Edelstahlflächen bleiben schön blank, wenn sie regelmäßig mit Spüli abgewaschen und danach trockenpoliert werden.
→ Leichte Verkalkungen lassen sich mit Mineralwasser oder Backpulver, stärkere mit Essigessenz oder Spiritus entfernen. Danach gut mit Wasser abspülen und trockenreiben.

Eichenmöbel
→ Wasserstellen und Schmutzflecken auf Eichenmöbeln mit erwärmtem Bier auf einem weichen Lappen abreiben. Mit dieser Behandlung erhalten sie auch neuen Glanz.

Elfenbein

→ Vergilbtes oder dunkel gewordenes Elfenbein in Wasserstoffperoxid legen, bis die Verfärbungen verschwunden sind. Anschließend mit Wasser abspülen und trockenreiben.

Alternativ Gebissreinigertabletten in Wasser auflösen und das Elfenbein mit einem kurzen Bad darin reinigen.

Fernbedienungen siehe **Kunststoffoberflächen**

Fingernägel

→ Nach manchen Tätigkeiten wie Gartenarbeit oder handwerklichem Einsatz sind die Unterseiten der Fingernägel oft stark verschmutzt oder hässlich verfärbt. In diesem Fall schließt man am besten eine weitere Arbeit an, bei der man beispielsweise Gegenstände aus Edelstahl oder eine Kaffeekanne mit Backpulver putzt. So verbindet man die Putzarbeiten gleichzeitig mit der Reinigung der Fingernägel.

→ Haarewaschen hilft bei der Reinigung der Hände mit, da das Shampoo auch auf die Hände einwirkt.

Fotos

→ Fingerabdrücke und andere Verschmutzungen von Fotos mit einem mit Spiritus getränkten Wattebausch abreiben.

Fugen

→ Verschmutzte Fugen zwischen Fliesen mit Chlorbleiche behandeln. Am besten die Bleiche mit einer Zahnbürste oder einer Nagelbürste auftragen und anschließend mit klarem Wasser nachspülen. Zum Schutz der Haut bei der Arbeit Handschuhe tragen!

Alternativ die Fugen mit einem Brei aus Backpulver und Wasser reinigen. Den Brei auftragen, einige Stunden einwirken lassen und anschließend abspülen.

Glühbirnen

→ Verschmutzte Glühbirnen mit einem in Salmiakgeist getauchten Lappen abreiben.

Gold

→ Goldschmuck mit lauwarmer Seifenlauge reinigen und anschließend mit Spiritus abspülen. Siehe auch Schmuck.

→ Vergoldete Bilderrahmen und Ähnliches mit der Schnittfläche einer halbierten Zwiebel abreiben. Auf diese Weise erhalten sie wieder neuen Glanz.

Goldborten

→ Verschmutzte Goldborten an Textilien mit der Schnittfläche einer halbierten Zwiebel abreiben. Anschließend gut in Wasser ausspülen.

Hemdkragen

→ Hemdkragen vor dem Waschen mit Gallseife behandeln.

→ Bei hartnäckigem Schmutz eine Lösung aus Wasser und Salmiakgeist im Verhältnis 9 : 1 mit einem Schwamm auf den Kragen auftragen und anschließend mit klarem Wasser auswaschen.

Herdplatten

→ Verschmutzte Herdplatten mit etwas Essig oder Zitronensaft abreiben und anschließend mit einigen Tropfen Öl und einem weichen Lappen polieren.

Holz

→ Kleine Kratzer, Flecken oder Verfärbungen auf Holzoberflächen mit farbloser Schuhcreme entfernen.

Kerzen

→ Verstaubte oder verschmutzte Kerzen mit einem in Spiritus getauchten Lappen abreiben.

Korbwaren

→ Verschmutzte Korbwaren mit einer konzentrierten Salzlösung abbürsten und an der Luft trocknen lassen.

Kristallvasen

Kristallvasen lassen sich auf folgende Weisen reinigen:

→ Verschmutzte und trübe gewordene Vasen mit einer Mischung aus Essig, Kaffeesatz und Wasser füllen und einige Zeit einwirken lassen. Anschließend gründlich mit Wasser ausspülen.

Kunststoffoberflächen lassen sich gut mit Waschbenzin reinigen. Ein Wattestäbchen ist dabei gut geeignet, um den Schmutz auch aus Ritzen und Zwischenräumen zu entfernen.

→ Mit einer Mischung aus lauwarmem Wasser und Salmiakgeist ausspülen.
→ Mit reinem Alkohol abreiben.

Kunststoffoberflächen
→ Verschmutzungen an Gebrauchsgegenständen wie Telefonen, Fernbedienungen oder Computertastaturen, die durch Schweiß, Hautfett und normalen Hausstaub zustande kommen, lassen sich leicht mit Waschbenzin oder Spiritus entfernen. Dazu einfach einen Lappen mit dem Reinigungsmittel tränken und die Fläche damit reinigen. Auch Lichtschalter, Steckdosen, Elektrokabel, Hebel, Knöpfe und andere Geräte und Bedienelemente, die durch häufiges Anfassen verschmutzen oder mit Fingerabdrücken übersät sind, werden auf diese Weise wieder sauber.

Kupfer
Um Kupfer wieder schön blank zu bekommen, gibt es verschiedene Möglichkeiten:

Kupfer lässt sich mit einer halbierten Zitrone, die in Salz getaucht wird, wieder schön blank polieren.

- Die Schnittfläche einer halbierten Zwiebel in Erde tauchen und damit das Metall abreiben. Mit einem Lappen nachpolieren.
- Die Schnittfläche einer halbierten Zitrone in Salz tauchen und damit das Kupfer abreiben.
- Essig mit Salz vermischen und damit die Oberfläche reinigen.

Das Prinzip der beiden letztgenannten Methoden beruht auf der kombinierten Wirkung einer schwachen Säure zusammen mit Salz.

Lackleder

→ Flecken auf Lackleder mehrmals mit Milch abreiben und anschließend polieren.

→ Matt gewordenes oder verschmutztes Lackleder mit der Schnittfläche einer halbierten Zwiebel abreiben und anschließend mit einem weichen Tuch nachpolieren.

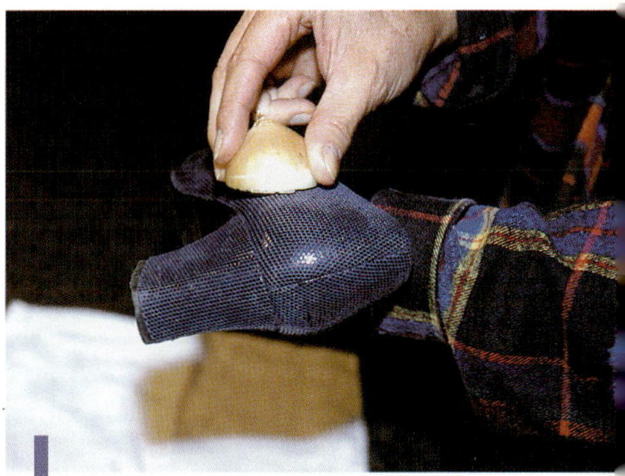

Lederschuhe bekommen durch Abreiben mit einer halbierten Zwiebel wieder frischen Glanz.

Leder

→ Unansehnliches Leder mit der Schnittfläche einer halbierten Zwiebel abreiben und nachpolieren.

Ledermöbel

→ Möbel aus Glattleder bekommen durch eine selbst hergestellte Lederpolitur ihren alten Glanz wieder: Dazu Leinöl aufkochen, abkühlen lassen und mit der gleichen Menge Essig vermischen. Die Politur mit einem Tuch auftragen und nachpolieren.

Leinenschuhe

→ Zur Reinigung verschmutzter weiße Leinenschuhe Talkum auf eine Bürste geben und damit die Schuhe kräftig abreiben.

Lichtschalter siehe **Kunststoffoberflächen**

Marmor

Marmor ist ein kalkhaltiger Stein, der durch Säuren angegriffen wird. Diese Wirkung kann man sich aber in abgeschwächter Form beim Reinigen zunutze machen: Zitronensaft oder Essig als schwache Säuren lösen die Marmoroberfläche und damit verbunden die Verschmutzungen leicht an, ohne dabei den Marmor zu schädigen.

→ Flecken mit etwas Essig abreiben und trockenpolieren.

→ Hartnäckige Flecken mit der Schnittfläche einer halbierten Zitrone abreiben, auf die etwas Salz gestreut wurde. Anschließend mit Seifenlauge abwaschen.

Messerklingen

→ Fleckige Messerklingen mit einer rohen Kartoffel abreiben, anschließend mit Wasser abspülen und trockenpolieren.

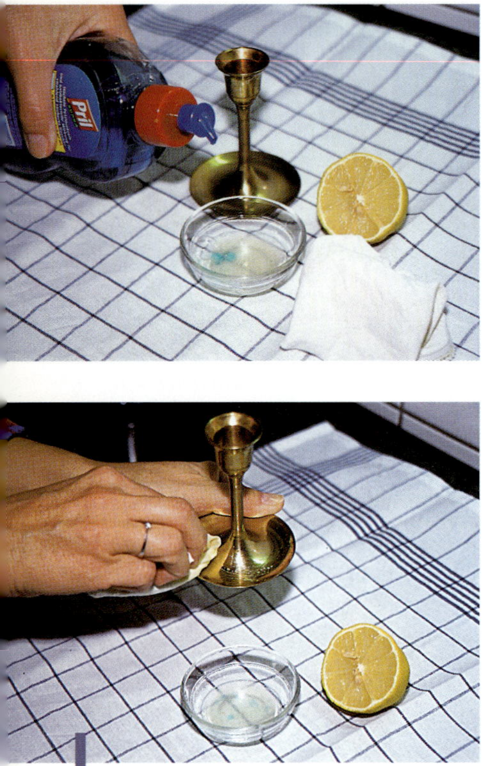

Messing lässt sich mit einer Mischung aus Spüli und Zitronensaft reinigen.

Messing

→ Fleckiges oder verfärbtes Messing entweder mit Glasreiniger oder mit einer Mischung aus dem Saft einer Zitrone und einem Spritzer Spüli polieren.

→ Auch der Saft von Karambolas, der Sternfrucht, ist ein ausgezeichnetes Mittel, um Messing zu putzen. Das Metall mit Karambolascheiben abreiben, anschließend abspülen und trockenpolieren.

→ Dunkle Flecken entstehen häufig durch Kupferoxid-Ablagerungen. Sie lassen sich mit Essig entfernen. Anschließend gründlich mit Wasser abspülen, da durch die restliche Essgisäure sonst eventuell neue Flecken entstehen. Anschließend trockenpolieren.

Polstermöbel

→ Für eine Grundreinigung die Polstermöbel mit einer milden Seifenlösung oder mit Oranexlösung, nach Vorschrift verdünnt, abreiben. Dabei darauf achten, dass nicht zu viel Feuchtigkeit eindringt. Den Lappen immer gut auswringen und gleichmäßig die gesamte Oberfläche abreiben.

→ Verschmutzungen und Flecken auf Polstermöbeln, die nicht tief eingedrungen sind, mit einem Kunststoff-Radiergummi abradieren.

Porzellan

→ Bei Verfärbungen und Flecken auf Porzellan einen sauberen Flaschenkorken erst in Öl und dann in Salz tauchen. Damit die Flecken mit kreisenden Bewegungen abreiben. Anschließend mit heißem Wasser und Spüli nachreinigen.

Porzellanbecken siehe **Badewannen**

Schmuck

→ Schmuck wird wieder glänzend, wenn man ihn mit abgeriebener Kreide und einem weichen Lappen poliert.

→ Für ein Reinigungsbad Gebissreinigertabletten verwenden. Die Tabletten in Wasser auflösen und den Schmuck hineinlegen. Nach etwa einer halben Stunde herausnehmen, mit klarem Wasser abspülen und trockenpolieren. Hartnäckige Verschmutzungen mit einer weichen Zahnbürste bearbeiten.

Seide

→ Schwarze Seidenstoffe, die ihren Glanz verloren haben, werden wieder wie neu, wenn man sie mit heißem, schwarzem Kaffee anfeuchtet und von links bügelt.

Seidenkrawatten

→ Verschmutzte Seidenkrawatten mit lauwarmem Kochwasser von Kartoffeln vorsichtig abreiben.

Silber

→ Eine Schüssel, die groß genug ist, das Silberbesteck oder die Gegenstände aus Silber aufzunehmen, mit Alufolie auslegen, dabei

Um angelaufenes Silber wieder schön sauber zu bekommen, benötigt man nur Alufolie, Salz und heißes Wasser. Durch die stattfindende chemische Reaktion werden die dunklen Ablagerungen gelöst.

die glänzende Seite nach oben legen. Auf beiden Seiten sollte noch einmal so viel Alufolie überstehen, so dass die Gegenstände anschließend damit bedeckt werden können. Die Silbergegenstände nebeneinander auf der Folie verteilen. Mit reichlich Salz bestreuen. Anschließend mit kochendem Wasser übergießen und die Alufolie sofort über den mit Wasser bedeckten Gegenständen zusammenfalten. Nach etwa einer halben Stunde die Alufolie wieder auseinander falten und das Silber herausnehmen. Unter reichlich fließendem Wasser abspülen und trockenpolieren.

Bei diesem Verfahren reagiert das Salz in Verbindung mit der Alufolie und löst die schwärzlichen Ablagerungen auf dem Silber. Die Reaktion ist an dem unangenehmen Geruch nach faulen Eiern zu erkennen.

→ Größere Gegenstände, für die sich diese Methode nicht eignet, können mit Ruß oder Zigarrenasche und einem feinen Lappen poliert werden.

Alternativ Silber mit einem feuchten Tuch blank putzen, auf das etwas Backpulver gestreut wurde. Anschließend mit Wasser abspülen und trockenpolieren.

→ Darüber hinaus gibt es im Handel verschiedene Silberputzmittel und -lappen, die allerdings häufig einen etwas fettigen Film auf dem Silber hinterlassen. Bei Essbesteck empfiehlt sich dann noch ein gründliches Nachspülen oder die oben beschriebene Alufolie-Salz-Methode.

Spiegel

→ Blind gewordene Spiegel mit Essig abwaschen und anschließend polieren.

Alternativ mit angefeuchteten Brennnesseln abreiben. Dabei Handschuhe tragen! Mit klarem Wasser abspülen.

Spielkarten

→ Verschmutzte Spielkarten mit krustenlosem Weißbrot abreiben. Für eine längere Lebensdauer die Karten gelegentlich mit Talkumpulver bestreuen.

Telefon siehe **Kunststoffoberflächen**

Textilien, vergilbte

→ Vergilbte Textilien für einige Stunden in saure Milch einlegen und anschließend wie gewohnt waschen.

→ Weiße Wäsche wird wieder strahlend weiß, wenn man eine mit der Schale in Scheiben geschnittene Zitrone mitwäscht.

Teppiche

Fetthaltige Flecken auf Teppichen mit Backpulver bestreuen. Eine Stunde einwirken lassen und dann absaugen oder ausbürsten.

→ Kleinere Flächen von Teppichen und Teppichböden oder einzelne Flecken lassen sich mit Spiritus entfernen. Mit einem sauberen Tuch mehrfach die Stelle betupfen und vorsichtig ausreiben, aber nicht zu fest rubbeln. Lufttrocknen lassen und anschließend den Flor wieder auflockern. Bei Behandlung größerer Flächen mit Spiritus für eine gute Belüftung sorgen!

→ Statt Spiritus kann man auch Glasreiniger oder so genannte Oberflächenreiniger verwenden. Sie enthalten neben anderen Reinigungssubstanzen auch Alkohol. Aufsprühen und vorsichtig ausreiben.

→ Größere Teppichflächen lassen sich mit gut mit Oranexlösung reinigen und auffrischen. Dieses hoch konzentrierte Reinigungsmittel nach Gebrauchsanleitung mit warmem Wasser

Flecken auf Teppichen lassen sich mit Spiritus entfernen.

Oranex riecht angenehm und scheint auch den empfindlichen Nasen unserer Haustiere nichts auszumachen.

verdünnen. Mit einer weichen Bürste oder einem Fleckentfernungsläppchen die Teppichoberfläche gründlich abreiben. Mit einem trockenen Tuch nachreiben, um überschüssige Flüssigkeit aufzunehmen.

→ Oranex hat nicht nur eine gute Reinigungswirkung, sondern sorgt auch für frischen, desodorierenden Duft. Daher empfiehlt sich eine gelegentliche Reinigung von Teppichen und Teppichböden besonders für Haushalte, in denen Hunde oder andere Haustiere gehalten werden. Der typische „Hundemief", dessen Entstehung sich auch bei den saubersten Hunden nicht vermeiden lässt, verschwindet dadurch.

Töpfe

→ Zu angebrannten Speisenresten in Töpfen etwas Salzwasser hineingeben, kurz aufkochen und anschließend mit Wasser ausspülen.

WC- und Waschbecken siehe **Badewannen**

Wildleder

→ Dunkle Ränder und Verschmutzungen auf Wildleder mit einem speziellen Wildleder-Radiergummi entfernen.

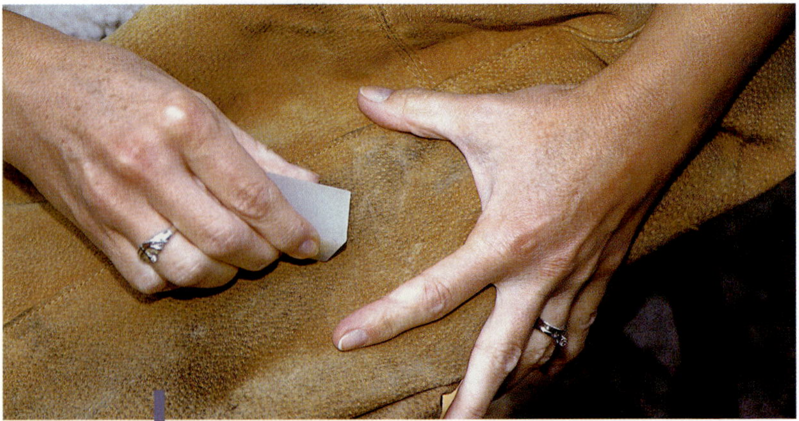

Mit speziellen Radiergummis für Leder lassen sich schmutzige und speckige Stellen auf Wildleder behandeln.

Wild- und Velourleder wird am besten mit einer speziellen Bürste trocken gereinigt.

→ Speckige Stellen am besten mit einer speziellen Kunststoffbürste aufrauen. Die Bürste darf dabei nicht zu hart und die Borsten dürfen nicht zu spitz sein, um das Leder nicht zu beschädigen. Anschließend das Leder mit einem Imprägnierspray einsprühen. Das schützt vor eindringender Nässe und zu schneller Verschmutzung.

Wolle

→ Stark verschmutzte Wollstoffe über Nacht in eine Lösung aus 10 Liter Wasser und 500 Gramm Salz einlegen. Danach mit der Hand oder im Wollprogramm waschen.

Zinn

Verfärbte und verschmutzte Gegenstände aus Zinn lassen sich mit unterschiedlichen Methoden reinigen:

- Mit einem Aufguss aus Zinnkraut (Schachtelhalm) und heißem Wasser abwaschen.
- Mit einer Mischung aus Zigarrenasche und Petroleum abreiben und anschließend mit Wasser abspülen.
- Das Zinn mit Kohlblättern abreiben. Anschließend mit Wasser abspülen.
- Hartnäckige Verschmutzungen mit Scheuermilch entfernen. Anschließend gut abspülen und trockenpolieren.

Verzeichnisse

Die wichtigsten Reinigungsmittel im Überblick

Die mit einem * gekennzeichneten Produkte sind in jedem Supermarkt oder Lebensmittelgeschäft erhältlich.

Reinigungsmittel	erhältlich in
Aceton	Drogerien, Drogeriemärkten
Alkohol, vergällter	Apotheken, Drogerien
Ammoniak (Salmiakgeist)	Drogerien, Drogeriemärkten
Backpulver	*
Chlorbleiche	Drogerien, Drogeriemärkten
Entfärber	Drogerien, Drogeriemärkten
Essig	*
Essigessenz	*
Fleckenwasser	*
Gallseife	Drogerien, Drogeriemärkten
Glas- und Oberflächenreiniger	*
Glyzerin	Drogerien, Drogeriemärkten
Isopropanol (Isopropylalkohol)	Apotheken
Haarspray	*
Kleesalz (Oxalsäure)	Bio- und Naturkostläden
Mineralwasser	Getränkemärkten
Nagellackentferner	Drogerien, Drogeriemärkten
Oranex	Bio- und Naturkostläden
Oxalsäure (Kleesalz)	Bio- und Naturkostläden
Reinigungsbenzin (Waschbenzin)	Apotheken, Drogerien und Drogeriemärkten
Rostfleckenentferner	*
Salmiakgeist (Ammoniak)	Drogerien, Drogeriemärkten
Salz	*

Reinigungsmittel	erhältlich in
Salzsäure, verdünnt	Drogerien
Sauerstoffbleiche	Drogerien, Drogeriemärkten
Seife	*
Soda (Waschsoda)	Drogerien, Drogeriemärkten
Spiritus	Drogerien, Drogeriemärkten
Spüli	*
Stärkemehl	*
Talkum	Drogerien, Drogeriemärkten
Terpentinersatz	Baumärkte, Farbenfach- handel, Drogerien, Drogeriemärkten
Vaseline	*
Verdünner	Baumärkte, Farbenfach- handel, Drogerien, Drogeriemärkten
Vereisungsspray	Apotheken
Waschbenzin (Reinigungsbenzin)	Apotheken, Drogerien, Drogeriemärkten
Wäscheborax	Drogerien, Drogeriemärkten
Waschsoda (Soda)	Drogerien, Drogeriemärkten
Waschmittel, enzymhaltiges	*
Wasserstoffperoxid	Apotheken, Drogerien, Drogeriemärkten
Zahnpasta	*
Zitronensaft	*
Zitronensäure	Drogerien, Drogeriemärkten

Literatur

ASLETT, D.: Stainbuster's Bible. Penguin Books, 1990.
BÜHLER, M.: Umweltbewußt haushalten. Midena-Verlag, Rombach-Aarau 1990.
COLDITZ, G. und R. VILLIGER: Umweltbewußt leben. Midena-Verlag, Küttingen-Aarau 1991.
HELOISE: All-new hints from Heloise: A household guide for the '90s. Perigee Books, New York 1989.
KENT, C.: 2000 praktische Tips für den ganzen Haushalt. Bertelsmann Club, Rheda-Wiedenbrück 1997.
LEEB, O.: Der Fleck muß weg. O. Leeb Verlag, München 1986.
LUTZ, W.: Lehrbuch der Reinigungs- und Hygienetechnik. Verlag Rosemarie Lutz, Rettingen.
NOÈ, C.: Kleine Flecken- und Teppichkunde für Hundehalter. In: Hunde Revue, Ausgaben (9) 97 bis (11) 97.

Über die angegebene Literatur hinaus wurden in diesem Buch zahlreiche mündliche Hinweise von vielen Hausfrauen und Hausmännern aus meinem Freundes- und Bekanntenkreis mit berücksichtigt.

Bezugsquellen

Firmen, die umweltfreundliche Reinigungsmittel vertreiben, können Sie dem Alternativen Branchenbuch entnehmen, das im Buchhandel erhältlich ist, aber auch in vielen Naturkost- und Bioläden ausliegt.

Die SPINNRAD GmbH vertreibt umweltschonende Produkte und Reinigungsmittel und ist mit über 200 Läden in Deutschland vertreten. Einen Katalog können Sie anfordern bei
SPINNRAD GmbH
Am Bugapark 3
45899 Gelsenkirchen
Tel. (02 09) 17 000 0
Fax (02 09) 17 000 40
Email: info@spinnrad.de
Internet: http://www.spinnrad.de
Kostenlose Hotline: (08 00) 77 46 672.

Bildquellen

Fridhelm Volk, Stuttgart: Titelfoto, Seite 5/6, 48/49, 118/119. Alle Freisteller bis auf Seite 27 (unten), 40 und 55 (oben). Alle übrigen Fotos und Freisteller von der Autorin.

Die Deutsche Bibliothek – CIP-Einheitsaufnahme

Lehari, Gabriele:
Fleckenfibel : Flecken einfach und schonend entfernen / Gabriele Lehari. - Stuttgart (Hohenheim) : Ulmer, 1999
(Ulmer-Taschenbuch ; Bd: 83)
ISBN 3-8001-6905-3

Haftung: Die Autorin und der Verlag bemühen sich um richtige und zuverlässige Angaben. Fehler können dabei jedoch nicht vollständig ausgeschlossen werden. Eine Garantie für die Richtigkeit der Angaben kann daher nicht gegeben werden. Haftung für Schäden und Unfälle wird aus keinem Rechtsgrund übernommen. Arbeiten mit Chemikalien müssen mit äußerster Vorsicht ausgeführt werden. Es ist wichtig, die vom Hersteller gegebenen Sicherheitshinweise sowie gesetzlichen Bestimmungen bei der Arbeit mit ihnen und zur Entsorgung zu beachten. Chemikalien sind immer außerhalb der Reichweite von Kindern aufzubewahren.

Wollgrasweg 41, 70599 Stuttgart (Hohenheim)
Printed in Germany
Lektorat: Carola Hils
Herstellung & DTP: Silke Reuter
Druck und Bindung: Georg Appl, Wemding

Register

Raum für Ihre Flecken . . .

Einkochen macht Spaß und ist ganz einfach. Mit den Grundrezepten kommen auch im Haushalt Unerfahrene bestens zurecht. Das Buch enthält das nötige Wissen und zusätzlich viele Anregungen. Es beschreibt verschiedene Konservierungsmethoden und liefert für jedes Verfahren zahlreiche Rezepte.
Früchte einkochen, kandieren und einlegen. Gabriele Colditz. 1991. 128 S., 71 Farbfotos, 8 Zeichnungen. ISBN 3-8001-6246-6.

Exotisches Obst und Gemüse für die Küche. Gabriele Colditz. 2. Auflage 1997. 128 Seiten, 81 Farbfotos. ISBN 3-8001-6881-2.
Das Buch bietet einen Überblick über die wichtigsten exotischen Früchte und Gemüse und liefert Informationen über einzelne Arten. Neben der Warenkunde findet man auch raffinierte Rezepte.

Obst und Beeren aus eigenem Anbau zu Saft, Wein oder Likör zu verarbeiten, ist für die einen ein reizvolles Hobby, für die anderen eine wichtige Methode, Früchte zu verwerten. Der Autor beschreibt in diesem Buch leicht anwendbare und zuverlässige Methoden zur Herstellung von Saft, Wein, Essig und Likör sowie die verwendbaren Geräte.
Fruchtsäfte, Weine, Essig und Liköre. H. Thönges. 3. Aufl. 1999. 125 S., 52 Farbf., 28 Zeichn. ISBN 3-8001-6897-9.

Wein aus eigenem Keller. Trauben-, Apfel- und Beerenweine. W. Vogel. 6. Aufl. 1998. 159 Seiten, 21 Farbf., 29 Zeichn. ISBN 3-8001-6657-7.
Das Buch hilft bei Problemen, die leider bei der Weinbereitung entstehen können. Es ist für den Anfänger eine grundlegende Anleitung und für den erfahrenen Praktiker eine nützliche Übersicht.